本業から
不動産賃貸業への
転換の税務

スムーズな
整理 / 縮小 / 資産承継のために

税理士 谷中 淳 著

open!

conversion to
REAL ESTATE
LEASING
business

税務経理協会

はじめに

　会社の本業の業績不振が続き、将来性もなく、さらに、会社の後継者候補がいないような場合には、廃業や他者に承継（売却）を行う等の選択をすることになります。この際に、本業を解散・清算はせずに、整理縮小を行い、自社に残る不動産を活用した不動産賃貸業として再スタートしていく、このような場面は実務上昔からよく見受けられます。

　また、本業と不動産賃貸業の採算の明確化や、将来のM&Aや事業承継、資産承継を見据えて会社の本業と不動産賃貸業を切り離していくという対策も多く検討がされています。

　さらに、本業を売却したオーナー社長個人が売却資金の運用手段として不動産賃貸業を開始し法人化していく場合、個人地主が所有不動産を使い不動産賃貸業を開始し法人化する場合など、個人所有不動産の法人化についても、いまだに多くのニーズがあります。このように、不動産賃貸業への転換や不動産賃貸業の分離、個人所有の不動産の法人化については様々な場面で検討がされていると思われます。

　本書においては、「本業から不動産賃貸業への転換」と「本業と不動産賃貸業の分離」、「個人所有不動産の法人化」をメインテーマに、その手法や税務上問題となりやすい各論点の解説を行います。

　「本業から不動産賃貸業への転換」、「本業と不動産賃貸業の分離」、「個人所有不動産の法人化」については様々なケースが予想されますが、いずれの場合にしても事業者にとっての大きな転換点となり、様々な問題に直面する事が想定されます。広範な知識が問われることになり、対応するコンサルタントや税理士等においても、当事者の置かれている状況や、依頼者のニーズに応じたコンサルティング能力が問われることになります。税務面においては、不動産に関する税務を中心に、会社分割等の組織再編税制、相続・株式承継対策等、広くかつ専門的な知識が要求さ

れてきます。本書ではこのような、本業の不動産賃貸業への転換や法人化、本業と不動産賃貸業の切離しに伴う各論について税務面を中心に問題となりやすい論点について解説を行っていきます。

　序章では、本業から不動産賃貸業への転換と本業と不動産賃貸業の分離が想定される主な場面を列挙し、各パターンの特徴を見ていきます。

　第1章では、本業から不動産賃貸業への転換に当たり、特に本業部分の整理縮小を行う上で問題となりやすい論点について見ていきます。

　第2章では、本業と不動産賃貸業の分離を行う場合の各手法について見ていきます。特に会社分割の手法がメインとなるケースが多く想定されますので、会社分割の手法を中心に解説を行います。

　第3章では、本業から不動産賃貸業への転換や本業と不動産賃貸業の分離を行う場合には、その前後において、不動産の組換え（売却、買換え、取壊し、新築）や有効活用を検討するケースが多くあり、特に税務上は「買換え」について論点が多くありますので、「買換え」を中心に解説を行います。

　第4章では、本業から不動産賃貸業への転換や本業と不動産賃貸業の分離とその対象となる法人の株価算定や株式承継についての論点を見ていきます。

　第5章では、個人所有の不動産を法人化する場合について見ていきます。

　本書が、資産承継、事業承継を検討されているオーナー経営者様や資産家の方々、それをサポートされる税理士等の士業やコンサルタントの方々の一助となれば幸いです。

　最後になりますが、本書刊行に当たり大変なご尽力をいただきました税務経理協会の中村謙一氏をはじめ編集部の方々には心から御礼申し上げます。

2022年9月

谷中　淳

CONTENTS

第2章　本業と不動産賃貸事業の分離

第3章　不動産の有効活用に伴う税務

第4章 不動産賃貸会社の株式承継における留意点

第5章　個人所有不動産の法人化

【凡例】

本文中で使用している主な法令等の略語は，次のとおりです。

略語表記	法令及び通達等
法法	法人税法
法令	法人税法施行令
法基通	法人税基本通達
所法	所得税法
所令	所得税法施行令
消法	消費税法
消令	消費税法施行令
消基通	消費税法基本通達
措法	租税特別措置法
措令	租税特別措置法施行令

【例】法令4の3⑥一イ→法人税法施行令4条の3第6項1号イ

不動産賃貸業への転換・分離・法人化が想定される場面

序章では、不動産賃貸業への転換・分離が想定される主なケースを列挙し、解説を行っていきます。

大別すると、**1**は本業を縮小・整理し残った不動産を活用して不動産賃貸業を開始していくケースについて、**2**は将来の資産承継や本業と不動産賃貸業との採算明確化のために本業と不動産賃貸業の分離を行うケース、**3**はこれから新たに不動産賃貸業をはじめるケースや個人所有不動産の法人化を行うケースとなります。

また、この各パターンと次章以降の各項目との繋がり・関連性としては、主に下記のとおりとなります。

1 ⇒　第1章・第3章

2 ⇒　第2章

3 ⇒　第5章

1〜**3**共通　⇒　第4章

本業を縮小・廃止し会社保有の不動産のみを残して不動産賃貸業として再スタートする

　事業に先行きが見込めず、また、後継者もいないため、廃業を予定しているが、会社が保有する店舗用の不動産は立地が良く、賃貸用に転用すれば相応の収益性が見込まれるため、不動産賃貸業への転業を行う。特に駅前の商店街等の好立地条件で昔から家族経営しているような老舗の小売業や飲食業では多く見られる事案となります。

　廃業となると、まず会社の解散・清算が検討されると思いますが、会社の解散・清算結了には保有資産・負債を全て整理しなければならず、諸手続きも煩雑となります。

　会社の規模が小さいようであれば、会社の清算は行わずとも、自然に業務の縮小・整理を行っていき、結果として会社に不動産だけが残り、新たに不動産管理会社として機能させていくことができます。

　この場合は、会社の解散・清算結了は行いませんので、特に会社所有の資産・負債について整理する必要はありませんが、本業の整理・縮小に伴い、一定の資産の整理については検討を要することになります。オーナー社長への貸付金や、オーナー社長からの借入金、オーナー社長固有の資産（生命保険契約、車両）等については、今後どのようにしていくか改めて検討をする良いタイミングともいえます。第1章において、この辺りの本業の整理縮小に伴い問題となりやすい項目について確認を行っていきます。

　本業の清算が必要な状況であれば、**2**で解説する、会社分割等の組織再編手法を使い、会社を本業部分と不動産部分に分け、本業部分は清算結了させた上で、不動産部分を不動産管理会社として機能させ、承継していくということも考えられます。

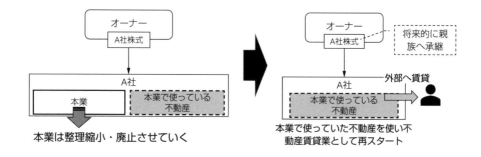

本業は整理縮小・廃止させていく

本業で使っていた不動産を使い不
動産賃貸業として再スタート

2 本業と不動産賃貸業の切分けを行う

(1) 本業と不動産賃貸業の切分けを行い本業部分は他の者に承継させる

　自社の株式について、オーナー経営者の子供等への親族承継は行わずに、親族外の役員やM&Aによる第三者企業への承継等を検討するケースは増えています。このようなときでオーナー経営者固有の不動産等がある場合には、その不動産部分と本業とを会社分割等の手法を使って切り分けを行い、本業部分は第三者へ承継し、不動産部分については不動産賃貸業として事業を行っていきながら、将来的に子供等の親族承継を行っていく方法は資産承継対策として有効です。また、不動産以外にもオーナー経営者固有の資産・負債（社長車、生命保険契約、ゴルフ会員権、社長貸付金、社長借入金等）がある場合には、あわせて移動を行うことを検討します。

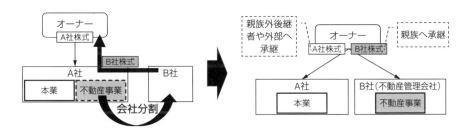

(2) 本業と不動産賃貸業の切分けを行い不動産賃貸業を持株会社へ移す

　本業と不動産賃貸業の切分けを行いますが、上記の**(1)**とは違い、不動産事業

の移転先を自社の持株会社（親会社）とする方法です。オーナー系の会社の持株会社はオーナー家の資産管理会社としての位置付けが強いケースもあると思います。新たに不動産管理会社を設立するのではなく、この持株会社を不動産管理会社として活用する方法です。手法としては、事業会社から持株会社へ不動産を会社分割若しくは現物分配で移す方法が検討されます。

　持株会社の株価対策（株式保有特定会社対応）などの観点からもこの方法が検討されることが多く、将来的に不動産部分と株式部分を分ける場合には、持株会社について上記 **(1)** の形式で会社分割を行い、切分けを行うという選択肢もあります。

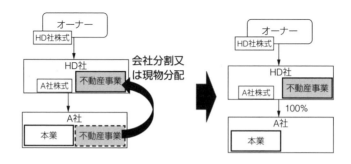

(3) 将来の遺産分割を想定して本業と不動産賃貸業の切分けを行う（事業を継ぐ後継者以外の相続人へ不動産管理会社を用意する）

　長男が事業を継ぐことになり、自社の株式は長男に全て承継させることになったとします。このような場合、長男の他に相続人がいて、オーナー社長に自社株式以外に目ぼしい財産がない場合には、遺留分侵害等の争いが起こりやすくなります。自社株式の評価額は高額になっているケースが多く、遺留分侵害額が高額になることも想定されます。このような場合への対応方法として、会社が保有している不動産があれば、その不動産を会社分割等の手法により、本業と切り離し、不動産管理会社として機能させ、その不動産管理会社の株式を後継者以外の相続人へ承継する財産として用意する。このような対策も多く見られます。

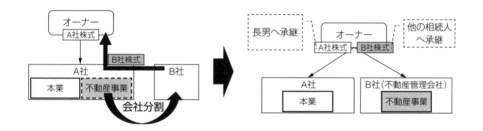

（4）不動産 M&A へ備えた不動産賃貸業の分離

　法人が所有する不動産を他に売却する場合には、売り手側では、売却益に対する法人税・法人住民税・法人事業税の課税（税率は会社規模や所得の状況によりますが 20 ％～40 ％程度）、建物譲渡分については消費税負担（土地の譲渡は消費税非課税売上ですが、課税売上割合の低下に注意）が生じます。

　買い手側でも、不動産移動に伴う不動産取得税、登記の変更に伴う登録免許税、その他登記にかかる手数料負担が生じることになりますので、売り手側・買い手側あわせて負担は大きいものとなります。

　不動産 M&A はこのように法人が直接不動産を売却する形ではなく、法人が所有する不動産を会社に残したまま、その会社の株式ごと売却する手法となります。不動産を会社という器でくるんだまま、会社の株式として売却する形になりますので、売却する株主が個人の株主であれば、株式の売却益に対しての譲渡所得税課税となり、税率は 20.315 ％（所得税 15.315 ％、住民税 5 ％）と、法人が売却する場合に比べて低い税負担となります。消費税負担もありませんし、不動産の所有権の移転もありませんので、不動産取得税、登記に関する費用負担も必要ないため負担はかなり少ないものになります。

　ただし、デメリットや注意点もあります。会社を株式ごと売却しますので、その会社に潜在的な債務等があれば、その潜在的な債務等も含めて購入してしまう可能性があります。そのリスクを回避するために事前にデューデリジェンス等、不動産部分以外の内容精査も入念に行う必要があり、そのためのコスト負担・労力負担が

生じるというデメリットがあります。また、税務上も租税特別措置法32条2項、租税特別措置法施行令21条3項で、上記のような株式の譲渡が土地の短期譲渡と同一視されるような一定の要件を満たす場合には、短期譲渡所得税の課税（所得税30.63％、住民税9％）とされる規定がありますので事前にしっかり検討を行う必要があります。

　実行に当たっては、本業がある場合は会社分割を行い、本業と不動産を分離する手法が検討されることになります。分割の手法としては、分割型分割の手法が多く検討されますが、既に売却が見込まれているかどうか（支配関係継続見込み要件）の検討、分割法人と分割承継法人のどちらに不動産をおいて売却をするかの検討は、切分けの際の適格分割の要件に大きく影響しますので入念な検討が必要といえます。

　また、買い手側は、株式を時価購入する形になりますが、会社内の不動産は適格分割で分離されている場合には、簿価のまま会社に所有されている状態で購入することになります。買い手がその不動産自体を売却するときには、低い簿価に基づく売却となり、多額の売却益が実現される可能性がありますので、買い手側はしっかりこのスキームによる影響を将来的な税負担まで検証する必要があります。

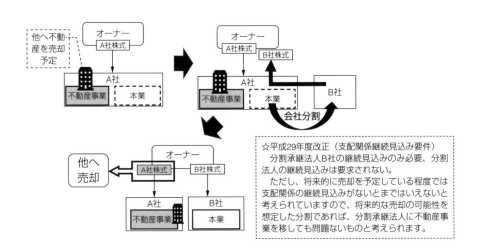

3 個人所有の不動産の法人化を行う

（1）M&Aで得た売却資金で不動産管理会社を作って不動産投資を行いたい

　オーナー社長がM&A等で会社を売却した場合には、その売却代金や退職金等により、多額の現金がオーナー社長の手元に入ってきます。現金だけを持っていては、資産運用の効果は得られず、また、将来の相続時には保有している現金にダイレクトに相続税が課されてしまうため、多額の現金の運用手段と将来の資産承継対策のために不動産投資を検討するケースは多くあります。ある程度の規模による不動産投資を行う場合には、オーナー社長の所得税負担が大きくなるため、所得の分散効果や税務面のメリットを享受するために不動産管理会社を設立する対策は有効です。

　この場合は、個人に現金がある状態のため、個人から法人へ現金を貸し付けて、その現金を元手に法人が不動産を購入することなどを検討する必要があります。既に個人で不動産を購入してしまっている場合には、法人へ譲渡若しくは現物出資等、個人所有不動産の法人化を検討することになります。

　事業譲渡方式でM&Aを実施した場合には、売却代金は会社に直接入ることになりますので、その資金を元手に不動産賃貸業をはじめればよいことになります。

① 不動産管理会社を設立して不動産賃貸業を営む場合

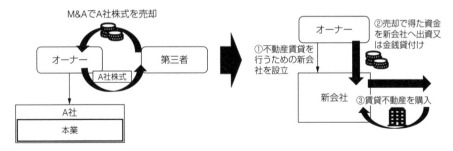

② 事業譲渡方式等でM&Aを行い売却資金で不動産賃貸業を開始する場合

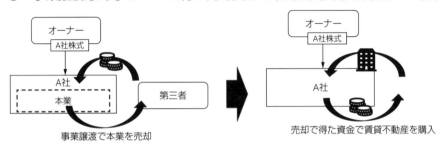

(2) 個人で所有していた事業用の不動産を法人化する

　個人所有の不動産の法人化は、税金対策・資産承継対策として、従来から多く検討がされているパターンとなります。特に会社の事業用不動産（本店の土地・建物等）をオーナー個人で所有し、会社に貸し付けていたような場合、会社の本業廃止に伴い、この不動産を活用した不動産管理会社への転換を図りたいというニーズもあります。

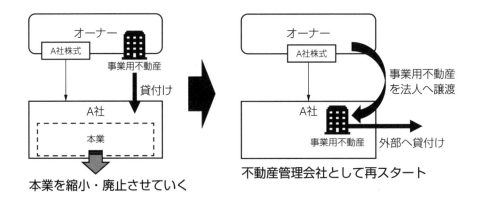

本業を縮小・廃止させていく　　**不動産管理会社として再スタート**

第 **1** 章

本業の整理・縮小に当たり
問題となる論点と税務

　本章では、本業の整理・縮小に当たり、実務上問題となりやすい項目について解説を行っていきます。法人の解散・清算結了をするわけではありませんので、全ての資産・負債を整理する必要はありませんが、本業を整理・縮小し、不動産賃貸業への転換を行っていく上では、これまでの会社の財産状況を見直し、将来の資産承継のベースを作っていく良い機会といえます。

　税務の論点を中心に見ていきますが、実務上は定款の事業目的の変更や登記事項の変更であったり、従業員がいる場合の退職や解雇の問題も生じてきますので、検討すべき事項は多くなります。

1 役員借入金

Q（オーナー社長からの相談）

　会社の負債の部には、オーナー社長である私からの借入金があります。昔から徐々に増えており、現在では多額になっています。今回、会社の本業の整理・縮小を行うことを考えており、この借入金も整理していきたいと考えていますが、何か対応方法等はあるのでしょうか？

A

　会社にオーナー社長からの借入金が残ってしまっているケースは実務上も見受けられます。これまでの運転資金や設備資金の補填等のほか、オーナー社長の立替経費の精算が未了となってしまっている場合等、原因は様々なケースがありますが、長い年月をかけて蓄積されて高額になっているケースもあります。中にはオーナー社長自身がほとんど認識していないケースもあります。

　特に、本業の整理に伴い整理しなければならないことではありませんが、今後の相続も見据え、先延ばしをせずに、転換期であるこの時期に抜本的な対策を検討してみるのもよいと思います。対応方法としては一般的に下記 **(2)** に掲げるようなものが挙げられます。

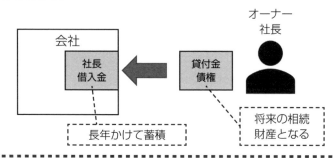

（1）役員借入金が残ることによる問題

① 貸付金債権の相続時の評価について

　会社の役員借入金は、貸している役員側から見れば、貸付金債権となります。その役員に相続が発生すれば相続財産となり、相続税が課税されることになります。

　オーナー社長は、まさか会社に対する貸付金債権が自分の相続財産になるとは思っていない場合もあります。特に業績の悪い会社の場合、回収可能性が乏しく、評価額はゼロになるのではないかと考えがちですが、財産評価基本通達205に掲げるような事由がない限りは認められず、単に債務超過というだけでは、評価額を減額することは認められません。

財産評価基本通達205（貸付金債権等の元本価額の範囲）

　財産評価基本通達204の定めにより貸付金債権等の評価を行う場合において、その債権金額の全部又は一部が、課税時期において次に掲げる金額に該当するときその他その回収が不可能又は著しく困難であると見込まれるときにおいては、それらの金額は元本の価額に算入しない。

(1) 債務者について次に掲げる事実が発生している場合におけるその債務者に対して有する貸付金債権等の金額（その金額のうち、質権及び抵当権によって担保されている部分の金額を除く。）

イ　手形交換所（これに準ずる機関を含む。）において取引停止処分を受けたとき

ロ　会社更生法の規定による更生手続開始の決定があったとき

ハ　民事再生法の規定による再生手続開始の決定があったとき

ニ　会社法の規定による特別清算開始の命令があったとき

ホ　破産法の規定による破産手続開始の決定があったとき

ヘ　業況不振のため又はその営む事業について重大な損失を受けたため、その事業を廃止し又は6か月以上休業しているとき

---

(2) 更生計画認可の決定、再生計画認可の決定、特別清算に係る協定の認可の決定
又は法律の定める整理手続によらないいわゆる債権者集会の協議により、債権の
切捨て、棚上げ、年賦償還等の決定があった場合において、これらの決定のあっ
た日現在におけるその債務者に対して有する債権のうち、その決定により切り捨
てられる部分の債権の金額及び次に掲げる金額

イ　弁済までの据置期間が決定後5年を超える場合におけるその債権の金額

ロ　年賦償還等の決定により割賦弁済されることとなった債権の金額のうち、課税
時期後5年を経過した日後に弁済されることとなる部分の金額

(3) 当事者間の契約により債権の切捨て、棚上げ、年賦償還等が行われた場合におい
て、それが金融機関のあっせんに基づくものであるなど真正に成立したものと認
めるものであるときにおけるその債権の金額のうち(2)に掲げる金額に準ずる金額

（一部筆者修正）

②　解散・清算結了時まで残した場合

　会社の清算結了時までこの役員借入金が残った場合で、返済原資があれば返済が
可能ですが、返済原資がない場合には債務免除を行い、債務免除益について法人税
が課税されることになります。

(2) 対応方法

　一般的に検討される対策は下記のとおりとなります。会社やオーナー家の状況に
応じて事前にしっかり検証を行う必要があります。

①　債務免除を受ける

（ⅰ）債権放棄の通知

　借入金について、債権者である役員が債権放棄を行うことで、会社側は債務免除

を受けます。債権放棄については、債権者が債務者に対して一方的にその意思表示をすればよく、債務者の同意は必要とされません。しかし、実務上は、債権者であるオーナー側から債権放棄通知書等の書面で意思表示を行い、債務免除を受ける法人側においても、可能な限り取締役会等の決議により、その議事録等を保存することで、客観性を担保することができます。

民法 519 条
　債権者が債務者に対して債務を免除する意思を表示したときは、その債権は、消滅する。

（ⅱ）債務免除益に対する法人税等の課税

　債務免除を受ける法人においては、債務免除益が計上されることになり、法人税等の課税が生じることになります。この債務免除益への対応として、債務免除益に見合う損失の計上や繰越欠損金の充当により、法人税等の課税への対応を行うケースは実務上もよく検討が行われます。また、清算中の事業年度で残余財産がないと見込まれるときには、期限切れ欠損金（法法59④）を充当させることで対応する方法もあります。

（ⅲ）みなし贈与課税

　対価を受けないで債務免除を行った場合、相続税法9条及び相続税法基本通達9-2(3)の事由に該当することになりますので、債権放棄をした者から、その債務免除を受けた会社の他の株主へ、株式価値の上昇分相当に対して「みなし贈与課税」が行われる可能性があります。特にこの論点は忘れがちですので注意が必要です。

相続税法基本通達 9-2（株式又は出資の価額が増加した場合）
　同族会社（法人税法第2条第10号に規定する同族会社をいう。以下同じ。）の株式又は出資の価額が、例えば、次に掲げる場合に該当して増加したときにおいては、その株主又は社員が当該株式又は出資の価額のうち増加した部分に相当する金

額を、それぞれ次に掲げる者から贈与によって取得したものとして取り扱うものとする。この場合における贈与による財産の取得の時期は、財産の提供があった時、債務の免除があった時又は財産の譲渡があった時によるものとする。

⑴　会社に対し無償で財産の提供があった場合　当該財産を提供した者

⑵　時価より著しく低い価額で現物出資があった場合　当該現物出資をした者

⑶　対価を受けないで会社の債務の免除、引受け又は弁済があった場合　当該債務の免除、引受け又は弁済をした者

⑷　会社に対し時価より著しく低い価額の対価で財産の譲渡をした場合　当該財産の譲渡をした者

（強調・筆者）

②　代物弁済する

　役員借入金の返済を、会社所有の財産で返済する方法となります。オーナー社長固有の財産（社宅不動産、ゴルフ会員権、生命保険契約、社長車など）があれば、この財産で返済を行うことができ効率よく整理が可能となります。

　ただし、現物資産を債権者に時価譲渡することになりますので、現物資産の売却益課税が生じる可能性があります。また、返済する借入金よりも、弁済する現物資産の時価の方が大きい場合は役員賞与認定されることになり、基本的に損金不算入としての取扱いとなります。また、消費税の課税関係の検討や、不動産の場合には不動産取得税、登録免許税の負担も考慮しなければなりません。

③　DES を行う

　DES（デット・エクイティ・スワップ）とは「債務の株式化」をいい、債権者が債務者（法人）に対して、その有する債権を現物出資して、その会社の株式を取得する方法をいいます。

　本相談でいうと、オーナー社長が会社に対して有する貸付金債権をその会社に現物出資することで、新株発行により自社株式を取得しますので、貸付金債権が株式

に転換する形となります。

　受け入れる会社側においては、増資となりますので税務上は資本金等の額が増加し、現物出資で受けた債権と借入金債務が混同により消滅する形となります。

　オーナー社長の貸付金債権が時価で株式に転換することになりますので、株式の時価に比べ相続税評価額が低いケースでは、オーナー社長個人の相続税評価額を圧縮する効果がでる場合があります。ただし、DES については副作用も多く、特に下記の事項については十分な検討が必要と考えられます。

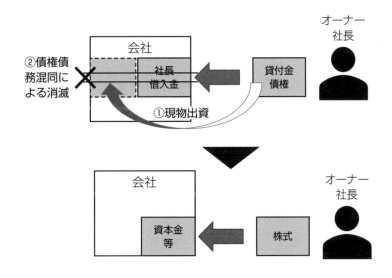

（ⅰ）債務超過会社の DES

　DES により現物出資された金銭債権の評価額と払込資本の計上額について、税法においては平成 18 年度改正によって金銭債権の時価評価額による考え方が明確化されています。ここで問題となるのが、債務超過の状況にあるような会社の場合、回収可能性が低く、債権者が有する金銭債権の評価は額面金額ではなく、会社の清算価値等を基に実際の回収可能性に基づく評価額となるため、券面額に比べ評価額が低くなることが想定され、差額については「債務消滅益」として DES を受ける法人側で益金算入すべきことになります。

【Ex 貸付金債権　券面額1,000　時価800】

借方	金額	貸方	金額
貸付金	800	資本金	800
借入金	1,000	貸付金	800
		債務消滅益	200

（ii）擬似 DES

　上記の DES とは違い、金銭出資と貸付金の回収を別々に行う方法が採用される
ケースがあります。上記（ⅰ）のとおり、税務上の金銭債権の時価評価は不明瞭な
部分が多く、税務上のリスクも高いため、この擬似 DES といわれる方法が検討され
るケースは実務上多くなってきているように見受けられます。オーナー社長が会社
に金銭出資により増資を行い、会社はその出資により受けた金銭により、オーナー
社長へ借入金の返済を行います。実際に資金を動かし、別個の取引（増資と借入金
の返済）の形となります。

【Ex 貸付金債権 1,000】

借方	金額	貸方	金額
現金預金	1,000	資本金	1,000
借入金	1,000	現金預金	1,000

（iii）資本金等の額の増加による影響

　DES により資本金等の額が増加することになりますので、地方税の均等割や外形
標準課税適用法人については資本割が増加することになります。

　またこの資本金等の額の増加は自社株式の評価の計算にも大きく影響する場合が
あります。資本金等の額が大きくなり過ぎることにより、類似業種比準価額や配当
還元価額、特定の評価会社（比準要素数1の会社）の計算や判定に影響が出る可能
性がありますので、事前に適用後の株価算定シミュレーションを行うことは必須と
考えます。

④　貸付金債権を贈与する

　長期的な解消方法となります。オーナー社長が持つ会社に対する貸付金債権を、後継者等親族へ贈与を行います。暦年贈与方式であれば、基礎控除 110 万円が活用できますので、少しずつ貸付金債権を贈与して、オーナー社長が保有する貸付金債権を親族へ渡していくことが可能です。場合によっては相続時精算課税を適用し、2,500 万円の特別控除や一律 20 ％の税率を活用していく方法も有効です。

⑤　役員報酬を減らして役員借入金返済を増やす

　同じく長期的な解消方法となります。役員報酬という経費を減らして、役員借入金の返済を行うことになりますので、役員個人の給与所得が減り、所得税負担は減ることになりますが、会社側の経費は減ることになりますので、会社の法人税負担は増えることになります。会社が赤字の状況であれば有効な方法といえます。

2 不要となった固定資産・在庫の除却・廃棄

Q （オーナー社長からの相談）

　会社の本業の廃業に伴い、売れ残りの在庫や使わなくなった固定資産の処分を検討しています。税務上の取扱いや留意すべき点について教えてください。

A

　固定資産の除却についても、棚卸資産の廃棄についても、税務上は実際に廃棄したときに除却損・廃棄損としての損金算入が可能です。廃棄を行った日や廃棄の事実が問題となることが多くあり、廃棄の事実を証明する証憑書類の保管が大切になります。

　また、余った商品を従業員や役員へ支給したり、他へ寄贈したりする場合には給与課税や寄附金課税の問題が生じてきますので注意が必要です。

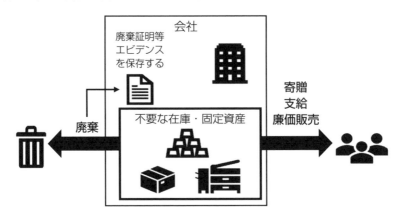

（1）固定資産の除却損

①　概要

　固定資産の除却については、会計上は帳簿から固定資産を除いたときに固定資産除却損の計上を行いますが、税務上は、原則として固定資産を実際に廃棄したときに、除却損を損金に算入できます。固定資産の除却に当たっては、実務上、処分業者からの廃棄証明や産業廃棄物管理票（マニフェスト）などを保存・管理し、廃棄があった事実を証明できるようにしておく必要があります。

　原則としてその固定資産の除却直前の帳簿価格と除却に要した費用等を損金算入することができます。

②　廃棄証明

　除却を証明するための証憑書類としては主に下記のようなものが挙げられます。

　廃棄業者から廃棄証明書を取得することが基本となりますが、廃棄証明書が取得できない場合もあります。そのような場合には、下記のような客観的資料を保存して、廃棄の事実を証明するようにします。

　・廃棄証明書、産業廃棄物管理票（マニフェスト）

　・廃棄の理由・経緯が分かる稟議書、取締役会議議事録

　・廃棄費用、引取費用などの請求書、領収書

　・廃棄資産の写真（日付入り等）

　・廃車証明書、廃車届出書（車両の場合）

③　有姿除却

　固定資産を廃棄する場合、特に機械装置等の場合、処分費が高額となる場合があり、実際の廃棄処分に踏み切れないケースがあります。このような場合への対応として、「有姿除却」の制度があります。「有姿除却」は、実際に廃棄や解体をしない

場合でも、一定の要件を満たせば税務上も除却時に損金算入することが可能となります。具体的には、帳簿価格から仮に処分した場合のスクラップ価格などの処分見込み額を差し引いた金額が損金算入となります。

有姿除却はその使用を廃止し、今後通常の方法により事業の用に供する可能性がないと認められる場合に適用ができますので、今後使用が見込まれる場合には適用ができません。

法人税基本通達 7-7-2（有姿除却）

次に掲げるような固定資産については、たとえ当該資産につき解撤、破砕、廃棄等をしていない場合であっても、当該資産の帳簿価額からその処分見込価額を控除した金額を除却損として損金の額に算入することができるものとする。

⑴ その使用を廃止し、今後通常の方法により事業の用に供する可能性がないと認められる固定資産

⑵ 特定の製品の生産のために専用されていた金型等で、当該製品の生産を中止したことにより将来使用される可能性のほとんどないことがその後の状況等からみて明らかなもの

（2）棚卸資産の廃棄

棚卸資産の廃棄損の計上についても、固定資産の除却損と同様に、実際の廃棄の事実が必要になりますので、廃棄を証明する書類を残すことが重要となります。実務上、期末の棚卸しにあわせて決算直前で廃棄を行うケースがありますが、期中の廃棄損として損金算入するためには、決算日までに資産を廃棄業者へ引き渡す必要があります。決算日前に廃棄業者に依頼はしたが、まだ引渡しが行われていない場合などは損金算入が認められませんので注意が必要です。

上記**（1）**の固定資産の除却損と同様に、棚卸資産の廃棄を証明するための証憑書類としては主に下記のようなものが挙げられます。

・廃棄証明書、産業廃棄物管理票（マニフェスト）

・廃棄の理由・経緯が分かる稟議書、取締役会議議事録

・廃棄費用、引取費用などの請求書、領収書

・廃棄商品のリスト

・廃棄資産の写真（日付入り等）

（3）棚卸資産の役員・従業員への支給・値引き販売

　使用人等が使用者から受ける物又は権利その他経済的利益については、原則として給与所得（現物給与）に該当するものとして課税されることになりますので、在庫処分の一環として、余った商品の一部を従業員に支給するような場合は基本的に現物給与となり、給与課税の対象となります。

　ただし、従業員等に値引き販売を行うような場合には、一般的に行われている値引販売については、利益の額が少額であること、値引販売は一般の顧客に対しても行われる場合があること等を考慮して、下記の所得税基本通達 36-23 の要件を満たす場合には、従業員等が受ける経済的利益については、課税しないこととしています。

所得税基本通達 36-23（課税しない経済的利益……商品、製品等の値引販売）

　使用者が役員又は使用人に対し自己の取り扱う商品、製品等（有価証券及び食事を除く。）の値引販売をすることにより供与する経済的利益で、次の要件のいずれにも該当する値引販売により供与するものについては、課税しなくて差し支えない。

(1) 値引販売に係る価額が、使用者の取得価額以上であり、かつ、通常他に販売する価額に比し著しく低い価額（通常他に販売する価額のおおむね 70 ％未満）でないこと。

(2) 値引率が、役員若しくは使用人の全部につき一律に、又はこれらの者の地位、勤続年数等に応じて全体として合理的なバランスが保たれる範囲内の格差を設けて定められていること。

---

(3) 値引販売をする商品等の数量は、一般の消費者が自己の家事のために通常消費すると認められる程度のものであること。

(4) 棚卸資産の寄贈など

　余った商品を他へ寄付することも考えられますが、この場合、寄附金課税の問題が生じることになります。ただし、自社の広告宣伝のために商品を提供するような場合には、広告宣伝費として寄附金からは除かれます。また、被災者に対する提供として行われるものとして一定のものも寄附金からは除かれます。

法人税基本通達9-4-6の4（自社製品等の被災者に対する提供）
　法人が不特定又は多数の被災者を救援するために緊急に行う自社製品等の提供に要する費用の額は、寄附金の額に該当しないものとする。

3 オーナー社長固有資産の整理 （退職金の現物支給による方法）

Q（オーナー社長からの相談）

　当社は現在、本業の整理縮小を行っています。会社が保有するオーナー社長への貸付金債権、社長車、オーナー社長を被保険者とする生命保険契約がありますが、どのように整理したらいいでしょうか

A

　会社が保有する資産に、オーナー社長への貸付金債権、社長車、生命保険契約、社宅があるケースは実務上多く見受けられます。このような資産は、本業の整理縮小を行う場面や会社をM&A等で外部へ承継させる場面等で、その対応方法を検討しなければならない場合があります。会社分割の手法で本業とオーナー社長固有の不動産賃貸業を分離する場合等では、不動産とともにこのようなオーナー社長固有資産を分割対象とすることも検討されますが、通常の場合は、まず、会社からオーナー社長個人へ売却することで整理する方法が検討されることが多いと思われます。会社からオーナー社長へ資産を売却する場合には、当然、時価売買が基本になりますので、オーナー社長個人の資力によっては厳しいことも想定されます。今回の本業の整理縮小のタイミングでオーナー社長が退任する場合には、退職金としてこれらの資産を現物支給する方法が検討されます。ただし、下記のような事項には留意する必要があります。

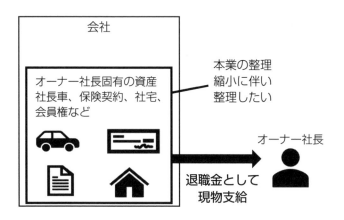

---

(1) 退職金の現物支給

　現物支給とは、給与を、現金の代わりに「もの」で渡す方法となります。役員退職金を現物で支給するに当たっては、主に下記のような事項に留意する必要があります。

① 現物の時価算定が必要

　現物支給であっても時価での取引が基本となります。

　不動産であれば、鑑定評価額や実勢時価・公示時価をベースに算定した金額。車両であれば中古車市場等を参考にした市場価額、保険については解約返戻金額（一定の場合には帳簿価額）が基本となります。

> **名義変更による保険契約の時価評価額について**
> 　生命保険契約を使ったいわゆる「名義変更プラン」を防止する観点等から、保険契約等に関する権利の評価に関する所得税基本通達36-37が令和3年7月1日より改正されています。
> 　具体的には、契約日が令和元年7月8日以降である法人契約（法基通9-3-5の2

に基づき資産計上されている契約）について、令和3年7月1日以後に、個人名義や別法人に名義変更する場合には、解約返戻金が資産計上額の7割未満の場合は資産計上額で評価することになります。

② 流通税（消費税・不動産取得税・登録免許税）の検討

役員退職金を現物支給する場合に、株主総会議事録等に現物支給する旨を入れずに退職金支給の決議をした場合には、代物弁済による譲渡として、消費税の課税対象となるものと考えられています。

役員退職金の支給は定款又は株主総会の決議によることが必要となります。定款で退職金を定めているケースは稀だと思われますので、株主総会の決議によるケースが実務上は大半だと思われます。この場合、株主総会の議事録には現物資産の種類・金額等を記載し現物支給する旨をしっかり記載することが必要となります。

不動産を現物支給した場合、登記の変更が生じますので登録免許税の負担や不動産取得税の負担が生じます。

③ 退職金の要件

現物支給の場合であっても、通常の退職金の要件が求められます。特に役員退職金の適用要件について、支給金額や退職の事実など、課税当局側とトラブルとなることも多く、慎重な検討が必要になります。詳細は「**5** 役員退職金」にて解説のとおりとなります。

④ 所得税・住民税の源泉徴収

退職金の支給となりますので、退職所得控除額を超える支給であれば、基本的に、所得税の源泉徴収、住民税の特別徴収が必要となります。

現物支給の場合、金銭支給の場合と違い、退職金を支払う会社側でその支払いの際に、現金での支給ではないため源泉徴収分を預かることができません。このた

め、源泉徴収税額、特別徴収税額に相当する金額を別途、受給者から預かる必要が生じてきます。

（2）実際の処理事例

会社保有の社長車と社宅（土地・建物）を、社長の退任に伴い、役員退職慰労金として支給することを株主総会決議により決議したとしましょう。退職金額等、退職金としての要件は充足しているものとします。

・社長車（簿価 20 万円、時価 60 万円）

・社宅建物（簿価 200 万円、時価 200 万円）

・社宅土地（簿価 5,000 万円、時価 3,000 万円）

・預り金（所得税 257 万円、住民税 123 万円　計 380 万円）

借方	金額	貸方	金額
役員退職慰労金	3,260 万円	車両	20 万円
		車両売却益	40 万円
		建物	200 万円
土地売却損	2,000 万円	土地	5,000 万円
現金	380 万円	預り金	380 万円

（※）消費税については考慮していません

4 塩漬けとなった金銭債権と 債権放棄による貸倒損失の計上

Q（オーナー社長からの相談）

　本業の整理・縮小を行っていますが、塩漬けとなってしまっている金銭債権があります。回収は難しいと思われますので、この機会に貸倒損失で計上してしまいたいと考えています。

　相手先に債権放棄の通知をすることで、貸倒損失に計上したいと考えていますが、留意点等ありますか？

A

　金銭債権を貸倒損失として損金の額に算入するためには、基本的に法人税基本通達9-6-1〜9-6-3を基に判断を行っていきますが、実務上判断に戸惑うケースも少なくありません。

　債権放棄の通知により貸倒損失とするためには、法人税基本通達9-6-1(4)により判断を行いますが、債務者の債務超過の状態が相当期間継続して、実質的に債務者の弁済能力がない状態であることが要件とされており、また書面により相手方に債務免除を行う必要があります。単純に債権放棄の通知を送るだけでは貸倒損失として損金算入はできません。

　貸倒損失として計上したが、要件を充足しないケースでは、寄付金認定されてしまいますので、要件の充足の判断は慎重に行う必要があります。

（1）貸倒損失の計上事由

　法人の有する金銭債権について、貸倒損失の計上が認められるための事実とその

対象となる金額及び損金算入時期は次のとおりです。

① 法律上の貸倒れの場合（法基通 9-6-1）

　債権の全部又は一部が、下記の法人税基本通達 9-6-1 の事由に基づいて切り捨てられた金額は、その事実が生じた事業年度の損金の額に算入されます。法人が損金経理をしているか否かにかかわらず、必ず損金の額に算入されるものです。したがって、損金経理をしなかった場合には、法人税申告書上で減算処理をする必要があります。

法人税基本通達 9-6-1（金銭債権の全部又は一部の切捨てをした場合の貸倒れ）

　法人の有する金銭債権について次に掲げる事実が発生した場合には、その金銭債権の額のうち次に掲げる金額は、その事実の発生した日の属する事業年度において貸倒れとして損金の額に算入する。

⑴　更生計画認可の決定又は再生計画認可の決定があった場合において、これらの決定により切り捨てられることとなった部分の金額

⑵　特別清算に係る協定の認可の決定があった場合において、この決定により切り捨てられることとなった部分の金額

⑶　法令の規定による整理手続によらない関係者の協議決定で次に掲げるものにより切り捨てられることとなった部分の金額

イ　債権者集会の協議決定で合理的な基準により債務者の負債整理を定めているもの

ロ　行政機関又は金融機関その他の第三者のあっせんによる当事者間の協議により締結された契約でその内容がイに準ずるもの

⑷　債務者の債務超過の状態が相当期間継続し、その金銭債権の弁済を受けることができないと認められる場合において、その債務者に対し書面により明らかにされた債務免除額

---

② 事実上の貸倒れ（法基通9-6-2）

債務者の資産状況、支払能力等からその全額が回収できないことが明らかになった場合は、その明らかになった事業年度において、その金銭債権の全額を貸倒れとして損金経理したときに限り、損金の額に算入されます。

> **法人税基本通達9-6-2（回収不能の金銭債権の貸倒れ）**
>
> 法人の有する金銭債権につき、その債務者の資産状況、支払能力等からみてその全額が回収できないことが明らかになった場合には、その明らかになった事業年度において貸倒れとして損金経理をすることができる。この場合において、当該金銭債権について担保物があるときは、その担保物を処分した後でなければ貸倒れとして損金経理をすることはできないものとする。
>
> （注） 保証債務は、現実にこれを履行した後でなければ貸倒れの対象にすることはできないことに留意する。

③ 形式上の貸倒れ（法基通9-6-3）

次に掲げる事実が発生した場合には、その債務者に対する売掛債権（貸付金などは含みません）について、その売掛債権の額から備忘価額を控除した残額を貸倒れとして損金経理をしたときに限り、損金の額に算入されます。

> **法人税基本通達9-6-3（一定期間取引停止後弁済がない場合等の貸倒れ）**
>
> 債務者について次に掲げる事実が発生した場合には、その債務者に対して有する売掛債権（売掛金、未収請負金その他これらに準ずる債権をいい、貸付金その他これに準ずる債権を含まない。以下9-6-3において同じ。）について法人が当該売掛債権の額から備忘価額を控除した残額を貸倒れとして損金経理をしたときは、これを認める。
>
> (1) 債務者との取引を停止した時（最後の弁済期又は最後の弁済の時が当該停止をした時以後である場合には、これらのうち最も遅い時）以後1年以上経過した場合（当該売掛債権について担保物のある場合を除く。）

（2）　法人が同一地域の債務者について有する当該売掛債権の総額がその取立てのために要する旅費その他の費用に満たない場合において、当該債務者に対し支払を督促したにもかかわらず弁済がないとき

（注）　（1）の取引の停止は、継続的な取引を行っていた債務者につきその資産状況、支払能力等が悪化したためその後の取引を停止するに至った場合をいうのであるから、例えば不動産取引のようにたまたま取引を行った債務者に対して有する当該取引に係る売掛債権については、この取扱いの適用はない。

（2）債務免除について（法基通 9-6-1 ⑷により判断する場合）

　通常の債務免除の場合において検討される規定は、上記の法人税基本通達 9-6-1 ⑷となります。

　法人税基本通達 9-6-1 ⑷は、債権者から債務者に対して債務免除を行うことにより、その免除額を貸倒れとして損金算入するというものになりますが、この債務免除を行った金額が必ず貸倒損失として損金算入できるものではなく、一定の要件を満たしたものに限られます。実際には金銭債権の弁済を受けることができる状態であるのにもかかわらず、債務免除を行ったような場合には、債務者に対して実質的には経済的利益の無償による供与をしたものとして、その免除額は税務上貸倒損失には該当せず、寄附金として取り扱うことになります。

　貸倒損失として損金算入するための要件としては、主に下記の 3 つの要件がポイントとなります。

①　債務者の債務超過の状態が相当期間継続している状態であること

　債務者において債務超過の状態が相当期間継続している状態であることが必要となります。この場合の「相当期間」については通達上明記されていませんが、国税庁ホームページの質疑応答事例「第三者に対して債務免除を行った場合の貸倒れ」において、「債権者が債務者の経営状態をみて回収不能かどうかを判断するために

必要な合理的な期間をいいますから、形式的に何年ということではなく、個別の事情に応じその期間は異なることになる」と解説され、個別案件ごとの判断に委ねられています。一般的な解説書籍等においては3年～5年間と記載されているケースが多いように見受けられます。

② 金銭債権の弁済を受けることができないと認められる場合

金銭債権の弁済を受けることができないと認められる場合とは、実質的に債務者の弁済能力がない状態をいいますが、債務超過の状態であることのほか、債務者の資産及び信用の状況、事業の状況、債権者による回収努力等の諸事情を総合的に勘案して判断していくことになります。

第三者に対する債務免除を行う場合については、国税庁ホームページの質疑応答事例「第三者に対して債務免除を行った場合の貸倒れ」において、「その債務者が第三者であることをもって無条件に貸倒損失の計上ができるというものではありませんが、第三者に対して債務免除を行う場合には、金銭債権の回収可能性を充分に検討した上で、やむなく債務免除を行うというのが一般的かと思われますので、一般には同通達の取扱いにより貸倒れとして損金の額に算入される」と解説がされています。

③ 書面により明らかにされていること

本通達における「書面」とは、国税庁ホームページの質疑応答事例「第三者に対して債務免除を行った場合の貸倒れ」において、必ずしも公正証書等の公証力のある書面による必要はないが、書面の交付の事実を明らかにするためには、債務者から受領書を受け取るか、内容証明郵便等により交付することが望ましいと解説がされています。

債権放棄という行為は民法においては一方的な行為とされていることから、本来的には書面によることは求められないはずですが、税務上は客観性を確保する必要から書面によることが要求されているものと考えられます。

5 役員退職金

Q（オーナー社長からの相談）

　本業であった衣料品の小売業をやめて、その店舗として使っていた建物を別の事業者へ貸し付けることにより不動産賃貸業への転業を行うことを予定しています。本業の廃業に伴い、オーナー兼代表取締役である私は、代表取締役を退任し、子供が代表取締役に就任することを予定しています。会社から私に代表取締役退任に伴い役員退職慰労金を支給することを考えていますが、税務上問題ないでしょうか？

　なお、退職後は会社には残らず、当然給与等の支給を受ける予定もありません。

A

　分掌変更でもなく完全退職の形をとっていますが、経営上主要な地位にあると認められるなど、形式上の退職と判断され、退職の事実がないと判断される恐れがありますので注意が必要です。また、役員退職金の算定については下記の功績倍率法による算定が行われるケースが一般的ですが、金額も大きくなることから十分に検討の上決定する必要があります。

- -

（1）退職金を支払う法人側の損金算入

① 功績倍率法による計算

　役員退職金のうち、不相当に高額な部分の金額は損金の額に算入されません（法法34②）。この「不相当に高額な部分の金額」は、法人税法施行令70条2号におい

て、その法人の業務に従事した期間、退職の事情、同種の事業を営む法人でその事業規模が類似するものの役員に対する退職金の支給状況などを勘案して判定すると規定がされていますが、具体的な計算基準は定められていません。実務上判断に迷うところではありますが、実務の現場では、いわゆる「功績倍率法」を用いているケースが多いように思われます。

【功績倍率法による役員退職金の計算方法】

役員退職金の適正額＝最終報酬月額×役員在任年数×功績倍率

（ⅰ）最終報酬月額

役員の退任時の報酬月額です。退職時の月額報酬がその役員の功績等を適正に反映されていることが前提となりますが、実務上そうではないケースもあります。例えば、退職の直前に不自然に増額されているような場合には不相当に高額と判断される可能性がありますし、退職時の給与が年金の受給等の兼ね合い等から、実態に比べ低額になっていることもあります。

（ⅱ）役員在任年数

役員としての在任年数です。

（ⅲ）功績倍率

役員の職責に応じた倍率をいいます。何倍が適正であるかについては、同種の事業を営む法人の中から事業規模が類似する法人を選定して、その役員退職金の支給状況を斟酌して算定することになると思われます。具体的には、同業類似法人の役員退職給与を調査し、以下のとおり功績倍率を算出します。

$$功績倍率＝\frac{同業類似法人の役員退職給与の額}{その役員の最終月額報酬×その役員の勤続年数}$$

類似法人の「最高功績倍率」又は「平均功績倍率」のどちらを採用するかはよく

問題となる論点ですが、東京地裁平成 25 年 3 月 22 日判決では、優先すべきは「平均功績倍率法」としており、「最高功績倍率」を用いるときは、同業類似法人の抽出基準が必ずしも十分でない場合」、「その抽出件数が僅少であり、かつ、最高功績倍率を示す同業類似法人が極めて類似している場合に限る」としています。

また、実務上よく参考にされる指標として「昭和 55 年 5 月 26 日東京地裁判決による功績倍率」がありますが、あくまで参考値となります。下記水準でも否認される事案もあれば、逆に下記水準よりも高くても認められている事案もあります。

役員退職金を支払う際には、あらかじめ、役員退職金規定を整備して、適正な功績倍率を決めておくことも大切です。

【昭和 55 年 5 月 26 日東京地裁判決による功績倍率】

役職	倍率
社長	3.0
専務	2.4
常務	2.2
取締役	1.8
監査役	1.6

法人税法施行令 70 条（過大な役員給与の額）

二　内国法人が各事業年度においてその退職した役員に対して支給した退職給与（法第 34 条第 1 項又は第 3 項の規定の適用があるものを除く。以下この号において同じ。）の額が、当該役員のその内国法人の業務に従事した期間、その退職の事情、その内国法人と同種の事業を営む法人でその事業規模が類似するものの役員に対する退職給与の支給の状況等に照らし、その退職した役員に対する退職給与として相当であると認められる金額を超える場合におけるその超える部分の金額

② 損金算入時期

　役員退職金は、原則として株主総会等の決議等によって退職金の額が具体的に確定した日（債務確定時）の属する事業年度の損金の額に算入されます。また、実際に支払ったときに損金経理した場合には、支払日ベースでの損金算入も認められています。

法人税基本通達 9-2-28（役員に対する退職給与の損金算入の時期）

　退職した役員に対する退職給与の額の損金算入の時期は、株主総会の決議等によりその額が具体的に確定した日の属する事業年度とする。ただし、法人がその退職給与の額を支払った日の属する事業年度においてその支払った額につき損金経理をした場合には、これを認める。

（2）分掌変更の場合

　オーナー社長が代表取締役の退任後に一定の職位に残ることは実務上多く見受けられます。退職金の支給は完全退職が基本となりますが、このような分掌変更の際の退職金の支給についても一定の要件を満たす場合には例外として認められています。

　法人税基本通達 9-2-32 でこのような分掌変更に伴う役員退職金について規定がされており、一定の例示が示されています。注意点としては、この例示を満たしたからといって認められるものではなく、重要なのは、「実質的にその法人の経営上主要な地位を占めているかどうか」がポイントになります。この判断基準については規定されていませんが、社内での状況や人事・経営・財務面等で主要な権限を有していると認められる場合には実質的には経営上主要な地位を占めているものと判断がされる可能性が高くなるものと考えられます。特に、本書でテーマとしている不動産賃貸業への転業を行い、オーナーである父親から子供へ会社の代表権を渡し、引き続き父親も一定の職位に残るような場合には、一般の事業会社以上に、経

営の権限の委譲を客観的に示すことが難しいケースが多く想定されますので、より慎重な対応が必要と考えられます。

　また、この通達の末尾に注書きで「本文の『退職給与として支給した給与』には、原則として、法人が未払金等に計上した場合の当該未払金等の額は含まれない」との記載があるとおり、分掌変更による退職金支給については原則として未払計上は認められないとされています。

法人税基本通達 9-2-32（役員の分掌変更等の場合の退職給与）

　法人が役員の分掌変更又は改選による再任等に際しその役員に対し退職給与として支給した給与については、その支給が、例えば次に掲げるような事実があったことによるものであるなど、その分掌変更等によりその役員としての地位又は職務の内容が激変し、実質的に退職したと同様の事情にあると認められることによるものである場合には、これを退職給与として取り扱うことができる。

⑴　常勤役員が非常勤役員（常時勤務していないものであっても代表権を有する者及び代表権は有しないが実質的にその法人の経営上主要な地位を占めていると認められる者を除く。）になったこと。

⑵　取締役が監査役（監査役でありながら実質的にその法人の経営上主要な地位を占めていると認められる者及びその法人の株主等で令第 71 条第 1 項第 5 号《使用人兼務役員とされない役員》に掲げる要件の全てを満たしている者を除く。）になったこと。

⑶　分掌変更等の後におけるその役員（その分掌変更等の後においてもその法人の経営上主要な地位を占めていると認められる者を除く。）の給与が激減（おおむね 50 ％以上の減少）したこと。

　（注）　本文の「退職給与として支給した給与」には、原則として、法人が未払金等に計上した場合の当該未払金等の額は含まれない。

---

6 不動産賃貸業と消費税の簡易課税制度

Q（オーナー社長からの相談）

私が経営している会社は、本業である衣料品の小売業をやめて、その店舗として使っていた建物を別の事業者へ貸し付けることにより、不動産賃貸業への転業を予定しています。衣料品の小売業は毎年売上高（全て消費税の課税売上に該当）が約1億円程ありましたので、消費税は原則課税の適用でした。不動産賃貸業へ転業後は年間1,200万円ほどの賃料収入（全て消費税の課税売上に該当）が見込まれます。不動産賃貸業への転業に当たり消費税における検討すべき事項を教えてください。

A

　居住用の賃貸建物の貸付けは基本的に消費税の非課税売上ですが、事業用の建物の貸付けは消費税の課税売上となりますので、不動産賃貸業への転業に当たり、事業用の建物の貸付けが中心となる場合には消費税についての検討が重要になります。

　不動産賃貸業における経費は、管理料や修繕費などの消費税の課税仕入に該当するものもありますが、給与や社会保険の法定福利費、建物の減価償却費、固定資産税、火災保険料等のように消費税の課税仕入に該当しないものが中心となるため、実際の利益水準に比べ消費税の負担感が大きくなることが想定されます。このようなことから、みなし仕入率による計算ができる簡易課税制度の選択が有効になるケースが多く、実務上よく検討が行われます。

　ただし、建物の購入や大規模修繕等の多額の課税仕入が発生することが見込まれるような場合には、仕入税額控除の観点から、簡易課税制度が不利になるケースもあるため、大きな設備投資等が予定されている場合には、事前によく検討すること

が大切です。

　また、簡易課税制度の適用要件は基準期間における課税売上高が 5,000 万円以下であることが必要ですので、転業前の課税売上高が 5,000 万円を超えているような場合には、すぐに簡易課税制度は適用できず、しばらくは原則課税を適用しなければならないことになりますので、このあたりも事前によく検証することが必要です。

- -

(1) 簡易課税制度の概要

　簡易課税制度は、中小事業者の納税事務負担に配慮する観点から、事業者の選択により、売上に係る消費税額を基礎として仕入に係る消費税額を算出することができる制度です。

　具体的には、その納税地の所轄税務署長に簡易課税制度の選択届出書を提出した課税事業者は、その基準期間（個人事業者は前々年、法人は前々事業年度）における課税売上高が 5,000 万円以下の課税期間について、売上に係る消費税額に、事業の種類の区分（事業区分）に応じて定められたみなし仕入率を乗じて算出した金額を仕入に係る消費税額として、売上に係る消費税額から控除することになります。実際の仕入に係った消費税額以上に仕入税額控除が可能となるケースがあるため、税計算上、非常に有利なケースとなることがあります。また、課税売上割合や課税仕入の集計がいらず、仕入税額控除の要件としての帳簿の記載と請求書等の保存が必要とされていない等、実務事務処理上も簡便的な取扱いが可能となります（インボイス制度の開始により、消費税に関する実務事務はより煩雑となることが予想されますので、より効果は大きくなることが想定されます）。

　ただし、実額に基づく仕入税額控除ができないため、大きな設備投資や修繕を行う場合には仕入税額控除の計算で不利になる場合があります。ほかにも、簡易課税制度は原則として適用開始から 2 年間の継続義務があるなど注意すべき点もあります。

　簡易課税制度を適用するときの事業区分およびみなし仕入率は、次のとおりです。

事業区分	みなし仕入率
第1種事業（卸売業）	90％
第2種事業（小売業、農業・林業・漁業（飲食料品の譲渡に係る事業に限る））	80％
第3種事業（農業・林業・漁業（飲食料品の譲渡に係る事業を除く）、鉱業、建設業、製造業、電気業、ガス業、熱供給業及び水道業）	70％
第4種事業（第1種事業、第2種事業、第3種事業、第5種事業及び第6種事業以外の事業）	60％
第5種事業（運輸通信業、金融業及び保険業、サービス業（飲食店業に該当するものを除く））	50％
第6種事業（不動産業）	40％

（2）不動産賃貸業における簡易課税制度の事業区分

① 賃貸料収入・礼金・更新料

　不動産を賃貸する取引については第6種事業（不動産業）に該当します。また、他社物件の管理料収入や仲介手数料収入等についても第6種事業（不動産業）としての取扱いになります。

　なお、土地の賃貸（貸付けに係る期間が1か月に満たない場合及び駐車場その他の施設の利用に伴って土地が使用される場合は除きます）や居住用建物の賃貸については非課税となります。

② 賃借人から原状回復費用を受け取った場合

　賃借人の退去の際、預り敷金・保証金から原状回復費用相当額を差し引いて返金することがあります。この原状回復については、賃貸人が賃借人に代わって原状回復工事を行うことになるため、賃借人から受け取った原状回復費用相当額は役務の提供の対価として消費税の課税対象となります。この場合、簡易課税の事業区分は、建築リフォーム工事業として第3種事業（建設業）に該当することになります。

③ 賃貸用不動産を売却した場合

　賃貸建物など自ら事業に使用していた固定資産を売却した場合には第4種事業（その他事業）に該当します。なお、土地の売却については非課税となります。

　賃貸建物売却は高額になるケースが多く、その後の事業年度の簡易課税の適用関係（基準期間における課税売上高が5,000万円を超える）に影響を及ぼすことも想定されますので、留意が必要です。

消費税法基本通達13-2-9（固定資産等の売却収入の事業区分）

　事業者が自己において使用していた固定資産等の譲渡を行う事業は、第4種事業に該当するのであるから留意する。

---

(3) 簡易課税制度の手続き

① 簡易課税制度選択届出書

　簡易課税制度の適用を受けようとする事業者は、その課税期間の初日の前日までに、「消費税簡易課税制度選択届出書」を納税地の所轄税務署長に提出することにより、簡易課税制度を選択することができます。

　なお、新規開業等した事業者は、開業等した課税期間の末日までにこの届出書を提出すれば、その課税期間から簡易課税制度の適用を受けることができます。

② 簡易課税制度選択不適用届出書

　簡易課税制度の適用を受けている事業者が、その適用をやめようとする場合には、その課税期間の初日の前日までに、「消費税簡易課税制度選択不適用届出書」を納税地の所轄税務署長に提出する必要があります。

　なお、簡易課税制度の適用を受けている事業者は、事業を廃止した場合を除き、2年間継続して適用した後でなければ、「消費税簡易課税制度選択不適用届出書」を

提出して、その適用をやめることはできません。

　また、簡易課税制度の適用をやめて実額による仕入税額の控除を行う場合（一般課税により申告する場合）には、適用をやめた課税期間の初日から課税仕入れ関係の帳簿及び請求書などを保存することが必要です。

第 **2** 章

本業と不動産賃貸事業の分離

　本章では、本業と不動産賃貸業の分離を行う場合の各手法について見ていきます。実務上、特に会社分割の手法がメインとなるものと思われますので、会社分割の手法を中心に解説を行います。会社分割については、税務を中心に難しい論点が多くありますが、オーナー系のグループ会社においては、概ね押さえるべきポイントは決まっています。事業の切分け手法を身に付けることができれば、士業やコンサルタントにとって、顧客に対する提案手法の幅は大きく広がるものといえます。

1 会社分割① 会社分割の概要

Q （税理士からの相談）

顧問先の社長が将来の資産承継・事業承継を見据えて、本業と不動産賃貸業の分離をしたいと考えています。組織再編の手法を使って分離を検討することになると思われますが、どのような手法を検討すべきでしょうか？

私自身は通常の法人顧問業務をメインに行っており、あまり組織再編について詳しくないため不安に思っています。

A

本業と不動産事業の分離手法としては会社分割の手法が代表的です。会社分割を行うと、会社の事業の全部又は一部を包括的に既存の会社や新設会社へ移転することが可能です。

組織再編による手法になりますので、税務上の取扱い要件等が難しく感じますが、オーナー系の企業で行う場合には、ポイントを押さえれば要件の検討等はそれほど多くはありません。ここでは、会社分割の制度について見ていきたいと思います。

（1）会社法上の会社分割

会社分割とは、株式会社又は合同会社（分割会社）が、その事業に関して有する権利義務の全部又は一部を、分割後、他の会社（承継会社）又は分割により設立する会社（設立会社）に承継させることをいいます。

会社分割のうち、承継会社に権利義務を承継させる場合を吸収分割といい、新設

会社に承継させる場合を新設分割といいます。

会社法 2 条

二十九　吸収分割

　株式会社又は合同会社がその事業に関して有する権利義務の全部又は一部を分割後他の会社に承継させることをいう。

三十　新設分割

　一又は二以上の株式会社又は合同会社がその事業に関して有する権利義務の全部又は一部を分割により設立する会社に承継させることをいう。

---

(2) 税務上の会社分割

① 分割型分割 （法法 2 十二の九）

　条文上は下記の(i)、(ii) 2 通りの分割が規定されています。(i)の形態は分割の対価として、分割承継法人の株式が分割法人の株主に交付されますので、分割法人と分割承継法人が兄弟会社のような形になります。(ii)については無対価分割になりますので、解説は「**5** 無対価の分割」を参照してください。

　なお、分割型分割は会社法では、分社型分割と剰余金の配当等の組み合わせとして整理されています。

（i）　分割法人が交付を受ける分割対価資産の全てが分割の日において分割法人の
　　　株主等に交付される場合又は分割対価資産の全てが分割法人の株主等に直接に
　　　交付される場合の分割

（ii）　分割対価資産がない分割（無対価分割）で、分割承継法人が分割法人の発行
　　　済株式等の全部を保有している場合又は分割法人が分割承継法人の株式を保有
　　　していない場合の無対価分割

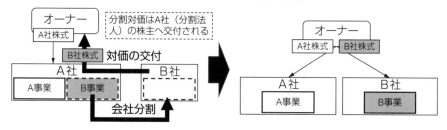

【分割型分割　※上記の(i)の形態】

②　分社型分割（法法２十二の十）

　条文上は下記の(i)、(ii)２通りの分割が規定されています。(ii)については無対価分割になりますので、解説は「**5** 無対価分割」を参照してください。(i)については、分割法人から分割承継法人へ分割資産・負債が移転されますが、分割型分割との大きな違いは、分割法人の株主に分割対価の交付がされないところとなります。

（i）　分割法人が交付を受ける分割対価資産が分割法人の株主等に交付されない場合の分割（無対価分割を除きます）

（ii）　無対価分割で、分割法人が分割承継法人の株式を保有している場合（分割承継法人が分割法人の発行済株式等の全部を保有している場合を除きます）の無対価分割

【分社型分割　※上記の(i)の形態】

2 会社分割② 適格分割

Q （税理士からの相談）

顧問先の会社がグループ内で会社分割を行うことを検討しています。帳簿価額での引継ぎができるように適格分割で行う必要がありますが、適格分割のための要件を教えてください。

A

他の組織再編税制と同様に、完全支配関係がある場合、支配関係がある場合、共同事業要件による場合とで要件が異なります。オーナー系の企業での不動産賃貸業への分離手法としての活用を考えれば、ほとんどのケースで完全支配関係がある場合、又は、支配関係がある場合のケースに該当するため要件の充足は比較的容易かと思われます。問題となりやすいのは、完全支配関係（支配関係）継続の要件となります。平成29年度の税制改正にてこの要件が大幅に使いやすくなりましたので、この点の理解が、オーナー系企業の資産分離において重要なポイントとなります。

（1）完全支配関係継続見込み要件

① 分割型分割の場合

（ⅰ）同一の者による完全支配関係がある場合の吸収分割型分割・単独新設分割型分割

分割型分割後に同一の者と分割承継法人との間に当該同一の者による完全支配関係が継続することが見込まれていることが要件となります。分割承継法人との完全支配関係の継続のみが要求されていることになります（法令4の3⑥ニイ・法令4

の3⑥二ハ(1)）。

　不動産事業の分離を行う場合は、この形態が一番よく検討される形になるものと思われます。M&A等で本業部分を売却することが見込まれているような場合には、支配関係の継続見込みが要求される分割承継法人に本業を移してしまうと、適格分割になりませんので、分割法人に本業を残し、不動産事業を分割承継法人へ移すことを検討します。この場合、不動産事業を移すことになりますので、不動産取得税（一定の場合には非課税）や登録免許税・登記費用の負担が生じることになります。

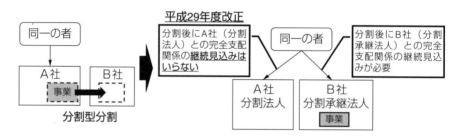

（ⅱ）当事者間に分割承継法人による完全支配関係がある場合の吸収分割型分割

　こちらについては、分割前の完全支配関係のみが要件となり、分割後の完全支配関係の継続見込みは要求されていません（法令4の3⑥一イ）。

　（ⅰ）の形態が横の分割だったのに対し、この形態は上への分割となります。持株会社等へ事業会社が保有する不動産事業を移動させることで、本業と不動産賃貸事業の分離を図ります。この形態も平成29年度改正により、分割法人と分割承継法人の間での支配関係の継続見込みは必要なくなっていますので、分割後に分割法人をM&Aなどで売却したり、会社清算等が見込まれている場合でも、適格分割の要件に抵触しません。

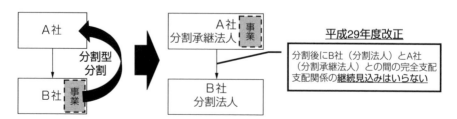

② 分社型分割の場合

分社型分割により交付される分割承継法人株式の全部が、分割法人により継続して保有されることが見込まれていることが要件となります（法令４の３⑥一ロ）。

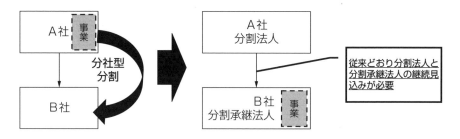

(2) その他の適格要件

適格分割の要件として、完全支配関係法人間の分割の場合は①～②の要件を、支配関係法人間の分割の場合には①～⑤の要件を、共同事業を営むための分割の場合には①～⑧の要件を満たす必要があります。

① 金銭等不交付要件

（ⅰ）分割型分割の場合

分割法人の株主に分割承継法人株式等以外の資産が交付されないこと。

（ⅱ）分社型分割の場合

分割法人に分割承継法人株式等以外の資産が交付されないこと。

固定資産税の清算金について

　不動産事業の分割に伴い、分割承継法人から分割法人へ移転不動産に係る固定資産税の清算金が支払われることがありますが、この清算金の交付が分割対価としての金銭交付に当たるのではないかとの懸念が出てきます。このようなケースについて国税庁から明確な取扱いは示されていませんが、適格再編の趣旨等を勘案し、固

定資産税の清算金を除いて適格判定をすべきと考えているケースが実務上は多く見られます。

② 按分型要件（分割型分割のみ）

分割対価として交付を受ける分割承継法人株式等が、分割法人株主が有する分割法人株式の持株割合に応じて交付されるものであること。

③ 主要資産等移転要件

分割事業に係る主要な資産及び負債が、分割承継法人に移転していること。

合併にはない適格要件のため、見落としがちです。この場合の分割事業とは、分割法人の分割前に行う事業のうち、分割により分割承継法人において行われることとなるものをいいます。

④ 従業者引継要件

分割直前の分割事業に係る従業者のうち、その総数の概ね 80 ％以上が引き続き分割承継法人の業務に従事する見込みであること。

⑤ 事業継続要件

分割に係る分割事業が移転後も分割承継法人において、引き続き営まれることが見込まれていること。

同族のグループ法人等で、分割法人が所有する不動産を分割承継法人に賃貸しているような場合に、その不動産を会社分割により移転した場合には、当然に分割により分割承継法人に対する不動産賃貸事業はなくなることになりますので、事業継続の要件を満たせないことになります。

⑥ 事業関連性要件

分割法人の分割事業と分割承継法人が分割前に行う事業のうちのいずれかの事業とが相互に関連するものであること（吸収分割の場合）。

⑦ 事業規模要件又は特定役員引継要件

下記の事業規模要件又は特定役員引継要件のいずれか一方を満たす必要があります。

（ⅰ）事業規模要件

分割法人の分割事業と分割承継法人が分割前に行う事業のうちのいずれかの事業の売上高、従業者数、若しくはこれらに準ずるものの規模の割合が概ね5倍を超えないこと。

（ⅱ）特定役員引継要件

分割法人の役員等のいずれかと分割承継法人の特定役員のいずれかが分割承継法人の特定役員となることが見込まれていること。なお、特定役員とは、社長、副社長、代表取締役、代表執行役、専務取締役、常務取締役又はこれらに準ずる者で法人の経営に従事している者をいいます。

⑧ 株式継続保有要件

（ⅰ）分割型分割の場合

分割法人の発行済株式総数の50％超を保有するグループ内の株主がその交付を受けた分割承継法人株式等の全部を継続して保有することが見込まれていること。

分割法人の発行済株式総数の50％超を直接又は間接に保有する支配株主がいない場合には当該要件を満たす必要はありません。

（ⅱ）分社型分割の場合

分割法人が分割により交付を受ける分割承継法人株式等の全部を継続して保有することが見込まれていること。

【その他の適格要件のまとめ】

適用要件	グループ内		共同事業
	100％	50％超	
①金銭等不交付要件	●	●	●
②按分型要件　※分割型分割のみ	●	●	●
③主要資産等移転要件		●	●
④従業者引継要件		●	●
⑤事業継続要件		●	●
⑥事業関連性要件			●
⑦事業規模要件又は特定役員引継要件			●
⑧株式継続保有要件			●

3 会社分割③　税務上の処理（適格分割型分割）

Q　（税理士からの相談）

　適格分割型分割を行った場合の税務上の処理を、分割した法人（分割法人）、分割を受けた法人（分割承継法人）、分割法人の株主、3者それぞれの観点から教えてください。

A

　適格分割に該当し、帳簿価額での引継ぎを行いますので、分割法人、分割承継法人それぞれにおいて特段の課税関係は生じませんが、資本金等の額・利益積立金額の増減額の算定を行う必要がありますので、分割移転純資産割合の算定を行います。

　分割法人の株主については、所有している分割法人の株式の価値が減少し、分割承継法人の株式の交付を受けることになりますが、適格分割の場合はみなし配当は生じず、対価に金銭等の交付がなければ株式の譲渡損益も生じず、旧株式（分割法人株式）の簿価と新株式（分割承継法人）の簿価を付け替える処理を行うだけになります。

　詳細は以下のとおりとなります。

（1）分割法人の処理

①　分割移転資産・負債を帳簿価額で引き継ぐ

　内国法人が適格分割型分割により、分割承継法人にその有する資産・負債の移転をしたときは、適格分割型分割直前の帳簿価額による引継ぎをしたものとして分割法人の所得計算を行いますので、譲渡損益は発生しません（法法62の2②）。

② 分割対価として受ける分割承継法人株式等の取得価額・資本金等の額の減少額

　分割対価として交付を受ける分割承継法人株式等の取得価額は、下記算式により計算を行います（法法62の2③、法令123の3②、法令8①六・十五）。

　なお、この分割対価として交付を受けた分割承継法人株式等は、直ちに分割法人の株主へ交付されることになりますので、この分割承継法人株式等の取得価額と同額の資本金等の額が減少することになります。

　無対価分割型分割の場合には、分割対価の交付はありませんので、分割承継法人株式等の取得という処理は発生せず、直接資本金等の額が減少する処理となります。

【分割承継法人株式等の取得価額・分割法人の減少する資本金等の額】

分割法人の分割型分割直前の資本金等の額×(※)分割移転純資産割合

（※）分割移転純資産割合

$$\frac{分割直前の移転資産の簿価純資産}{分割法人の直前期末の簿価純資産}$$

〈計算式における留意点〉
- ☑　分割直前の資本金等の額がゼロ以下である場合には割合はゼロとします。
- ☑　割合計算において、直前の資本金等の額及び分子がゼロを超え、かつ、分母がゼロ以下である場合には、割合は1とします。
- ☑　割合計算において、小数点以下3位未満の端数があるときはこれを切り上げます。
- ☑　算式の分母の金額は、分割法人の分割型分割の日の属する事業年度の前事業年度終了の時の資産の帳簿価額から負債の帳簿価額を減算した金額（その終了の時から分割型分割の直前の時までの資本金等の額又は一定の利益積立金額が増加又は減少した場合にはその金額を加減算した金額）とします。

③　利益積立金額の減少

次の算式により計算した金額が分割法人の利益積立金額の減少額となります。
（法令 9 ①十）

【減少する利益積立金額】

移転資産の　　　＿移転負債の　　　　＿②により減少する資本金等の額
分割直前帳簿価額　　分割直前帳簿価額

④　税務処理の仕分け

上記の処理をまとめると下記のとおりとなります。ポイントは、無対価分割でな
い場合には一旦分割対価として分割承継法人株式等を取得し、直ちに株主へ交付す
るため、同額が直ちに資本金等の額となるところです。利益積立金額の減少額は貸
借差額で計算ができます。

（ⅰ）分割移転資産・負債を帳簿価額で引継ぎを行う

借方	金額	貸方	金額
分割移転負債	○○	分割移転資産	○○
分割承継法人株式等	○○		
利益積立金額	○○		

（ⅱ）分割対価資産を分割法人の株主等に交付する

借方	金額	貸方	金額
資本金等の額	○○	分割承継法人株式等	○○

（2）分割承継法人

①　分割移転資産・負債を帳簿価額で引き継ぐ

　内国法人が適格分割型分割により、分割法人から資産・負債の移転を受けたときには、適格分割型分割直前の帳簿価額により引継ぎを受けたものとして処理を行います（法法62の2④、法令123の3③）。

②　資本金等の額の増加額

　上記 **（1）** ②により計算した金額が、分割を受けた分割承継法人の資本金等の額の増加額となります（法令8①六）。

③　利益積立金額の増加額

　上記 **（1）** ③により計算した金額が、分割を受けた分割承継法人の利益積立金額の増加額となります（法令9①三）。

④　税務処理の仕分け

　上記の処理をまとめると下記のとおりとなります。

借方	金額	貸方	金額
分割移転資産	○○	分割移転負債	○○
		資本金等の額	○○
		利益積立金額	○○

（3）分割法人の株主（法人株主・個人株主）

　適格分割型分割の場合、分割法人株主は、対価として分割承継法人株式等の交付を受けることになります。現在所有している分割法人株式について、分割純資産移転割合相当分の簿価が減少し、同額が分割承継法人株式等の取得価額となりますので、単純に簿価付替えの形となります。適格分割型分割であれば「みなし配当」は生じず、対価に分割承継法人株式等以外の金銭等の交付がなければ、旧株式（分割法人株式）の譲渡損益の課税も生じません。

①　みなし配当

　適格分割型分割に該当する場合には、みなし配当は生じません。みなし配当については適格か非適格で適用関係が決まります（法法24①二、所法25①二）。

②　旧株（分割法人株式）の譲渡損益の繰延べ

　分割型分割によって、分割承継法人株式等のみを取得した場合には、譲渡対価の額、譲渡原価の額はいずれも下記の分割純資産対応帳簿価額となるため、旧株（分割法人株式）について譲渡損益は生じません（法法61の2④、法令119の8①、法令23①二）。

　ただし、分割法人の株主が金銭交付を受けた場合等のように、分割承継法人株式等以外の資産も取得した場合には、分割法人株主が旧株式（分割法人株式）を譲渡し、新たに新株（分割承継法人株式等）を取得したものみなされ、株式の譲渡損益課税が行われることになります。

$$
\begin{array}{l}
\text{分割純資産対応} \\
\text{帳簿価額}
\end{array}
=
\begin{array}{l}
\text{分割型分割直前の所有株式} \\
\text{（旧株：分割法人株式）の帳簿価額}
\end{array}
\times
\begin{array}{l}
\text{分割移転純資産割合} \\
\text{（上記 (1) ②と同じ）}
\end{array}
$$

③　新株（分割承継法人株式等）の取得価額

　分割法人株主が新たに取得する分割承継法人株式等の取得価額は、分割法人株式等の分割純資産対応帳簿価額に相当する金額（交付を受けるために要した費用があるときは、その費用の額を加算した金額）となります。つまり、旧株式（分割法人株式）の帳簿価額を付け替える形となります（法令119①六、所令113①、所令61②二）。

④　税務処理の仕分け

　上記の処理をまとめると下記のとおりとなります。

借方	金額	貸方	金額
分割承継法人株式等	○○	分割承継法人株式等	○○

4 会社分割④ 税務上の処理（適格分社型分割）

Q （税理士からの相談）

　適格分社型分割を行った場合の税務上の処理を、分割した法人（分割法人）、分割を受けた法人（分割承継法人）、分割法人の株主、3者それぞれの観点から教えてください。

A

　適格分割に該当し、帳簿価額での引継を行いますので、分割法人、分割承継法人それぞれにおいて特段の課税関係は生じません。利益積立金額の移転もなく、移転資産と負債の差額が分割承継法人において資本金等の額の増加、分割法人において分割承継法人株式の取得価額となります。

　分割法人の株主へは、対価の交付はありませんので特段の処理は生じません。分割型分割に比べシンプルな処理となります。

　詳細は以下のとおりとなります。

- -

（1）分割法人の処理

① 分割移転資産・負債を帳簿価額で引き継ぐ

　内国法人が適格分社型分割により、分割承継法人にその有する資産・負債の移転をしたときは、適格分社型分割直前の帳簿価額による譲渡をしたものとして、分割法人の所得計算を行いますので、譲渡損益は発生しません（法法62の3①）。

② 分割対価として受ける分割承継法人株式等の取得価額

分割対価として交付を受ける分割承継法人株式又は分割承継親法人株式の取得価額は、適格分社型分割直前の分割移転資産の帳簿価額から分割移転負債の帳簿価額を減算した金額となります（法令119①七）。

③ 税務処理の仕分け

上記の処理をまとめると下記のとおりとなります。分割型分割と違い、分割法人の株主へ分割承継法人株式等の交付がありません。

借方	金額	貸方	金額
分割移転負債	○○	分割移転資産	○○
分割承継法人株式等	○○		

（2）分割承継法人

① 分割移転資産・負債を帳簿価額で引き継ぐ

内国法人が適格分社型分割により、分割法人から資産・負債の移転を受けたときには、その資産・負債の取得価額は適格分社型分割直前の帳簿価額となります（法法62の3②、法令123の4）。

② 資本金等の額の増加額

上記 **(1)** ②により計算した金額が分割を受けた分割承継法人の資本金等の額の増加額となります（法令8①七）。

分割型分割の場合には、利益積立金額と資本金等の額の両方が増加しますが、分社型分割の場合は資本金等の額のみ増額する形になりますので、法人住民税の均等割や外形標準課税適用法人については事業税資本割の負担が大きくなる可能性がありますので、事前に検証しておく必要があります。

③ 税務処理の仕分け

上記の処理をまとめると下記のとおりとなります。

借方	金額	貸方	金額
分割移転資産	○○	分割移転負債	○○
		資本金等の額	○○

（3）分割法人の株主

処理はありません。

5 会社分割⑤　無対価の分割

Q　（税理士からの相談）

　100％の親子関係や100％の兄弟関係にある法人間で会社分割を行う場合等には、無対価の分割であっても適格分割となる場合があると聞いたことがあります。どのような形であれば無対価の分割が適格分割として認められるのか教えてください。

A

　無対価分割とは、分割対価の交付がない分割をいいます。本来対価の交付がない分割は適格分割となりませんが、実質的に対価の交付が必要なく省略していると考えられる一定の類型に当てはまる場合には、適格分割に該当することになります。平成22年度税制改正や平成30年度の税制改正で取扱いが明確化されています。100％の親子間での分割や、親会社による完全支配関係がある子会社間での会社分割の場合には、この無対価分割の類型に該当するケースが多く、グループ会社内の分割であれば要件を充足できる場合が多いものと考えられます。

　対価の交付がいらないことになりますので、分割比率の算定の必要がなく、株価算定の実務負担が軽減できることになりますので、機動的な再編を検討することができます。

　なお、会社法上対価の交付がない新設分割は認められていませんので、吸収分割が無対価分割の対象となります。

（1）無対価分割型分割

分割対価資産がない分割で、その分割の直前において、分割承継法人が分割法人の発行済株式等の全部を保有している場合又は分割法人が分割承継法人の株式を保有していない場合の当該無対価分割をいいます（法法2十二の九ロ）。

無対価分割は対価の交付がありませんので、適格要件を充足できないように考えられますが、下記の要件を満たす類型に該当する場合には、適格分割として取り扱うことになります。

① 分割承継法人が分割法人の発行済株式等の全部を保有している場合（法令4の3⑥一イ、ニイ⑴、⑦二）

基本的に、分割承継法人が分割法人の発行済株式等を100％所有している場合、つまり、100％親子関係にある法人間で子会社から親会社へ分割を行う場合が本類型に該当することになります。

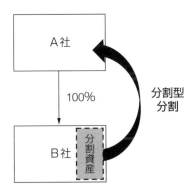

② 株主構成が同じ等の要件を満たす分割

分割法人の株主等（当該分割法人及び分割承継法人を除きます）、及び、分割承継法人の株主等（当該分割承継法人を除きます）の全てについて、その者が保有す

る当該分割法人の株式の数の当該分割法人の発行済株式等（当該分割承継法人が保有する当該分割法人の株式を除きます）の総数のうちに占める割合と当該者が保有する当該分割承継法人の株式の数の当該分割承継法人の発行済株式等の総数のうちに占める割合とが等しい場合における当該分割法人と分割承継法人との間の関係（法令4の3⑥ニイ(2)）と規定されています。

条文の解釈が非常に難しいところですが、イメージとしては、分割法人の株主等及び分割承継法人の株主等の全ての保有割合が同じ関係になってる状態といえます（分割承継法人が保有する分割法人株式は除いて判定します）。

> **その者について**
>
> 　誤りやすい論点として、ここでの「その者」の解釈があります。「その者」とは、1人の個人又は法人をいい、親族等の特殊関係のある個人は含まずに判定を行うことになりますので、完全支配関係や支配関係の判定と混同しないように注意する必要があります。

（ⅰ）類型①

　基本的に、100％兄弟関係にある法人間での分割が本類型に該当することになります。

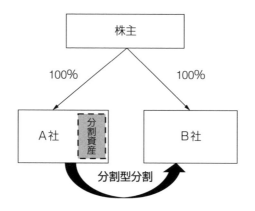

（ⅱ）類型②

基本的に、分割承継法人株式が保有する分割法人株式を除いて、100％兄弟関係にある法人間での分割が本類型に該当することになります。

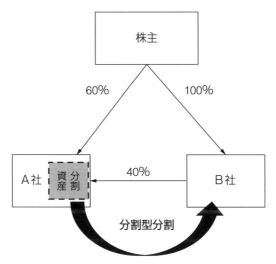

（ⅲ）類型③

基本的に、分割法人株主と分割承継法人株主の株主構成が同じ場合等が本類型に該当することになります。

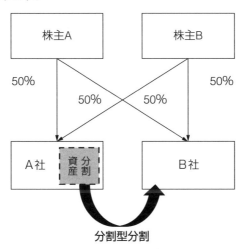

（2）無対価分社型分割

　無対価分割で、その分割の直前において分割法人が分割承継法人の株式を保有している場合（分割承継法人が分割法人の発行済株式等の全部を保有している場合を除きます）の当該無対価分割（法法2十二の十ロ）をいいます。

　無対価分割は対価の交付がありませんので、適格要件を充足できないように考えられますが、下記の要件を満たす類型に該当する場合には、適格分割として取り扱うことになります。

①　分割法人が分割承継法人の発行済株式等の全部を保有する関係（法令4の3⑥一ロ、二ロ、⑦一ロ、二、⑧）

　基本的に、分割法人が分割承継法人の発行済株式等を100％保有している場合、つまり、100％親子関係にある法人間で、親会社から子会社へ分割を行う場合等が本類型に該当することになります。上記 **(1)** ①のケースとは逆の形になります。

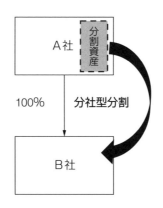

6 会社分割⑥ 会社分割事例

Q （税理士からの相談）

　下記の甲社について、不動産賃貸事業を会社分割により、新設の乙社へ移動させたいと考えています。具体的な処理を教えて下さい。

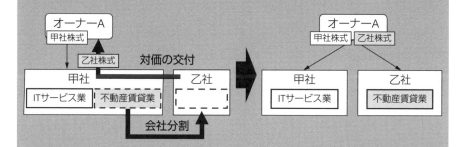

【分割概要】

・新設分割型分割

・×4年10月1日を分割効力発生日とする。

【甲社の状況】

・3月決算

・直前期末の貸借対照表（単位：百万円）

甲社　貸借対照表　×4年3月期			
資産の部		負債の部	
現金預金	500	買掛金	30
売掛金	70	借入金	100
その他流動資産	20	**預り敷金**	**20**
本社建物	30	その他負債	50
賃貸建物	**100**	負債合計	200
器具備品	20	純資産の部	
車両運搬具	10	資本金	10
本社土地	100	繰越利益剰余金	990
賃貸土地	**300**		
投資その他資産	50		
資産合計	1,200	純資産合計	1,000

・オーナーA氏の甲社株式取得価額：10百万円

・直前期末法人税申告書別表5⑴

甲社　別表5⑴ ×4年3月期	
利益積立金額	990
資本金等の額	10

・直前期末から分割効力発生日までの分割資産の減価償却費

（※）「適格分割等による期中損金経理額等の損金算入に関する届出」提出予定

　賃貸建物　×4年4月1日〜9月30日　減価償却費：5百万円

A

　実際の処理に当たっては、適格分割型分割のため、分割移転純資産割合の算定が中心となります。分割法人側での期首から分割時点までの減価償却費の計上についての「適格分割等による期中損金経理額等の損金算入に関する届出」の提出は忘れやすい論点ですので注意が必要です。

　処理の手順については以下のとおりです。

（1）適格分割型分割の判断

　甲社の不動産賃貸業を、新設する乙社へ移転し、分割承継法人である乙社の株式が、甲社の株主へ交付される会社分割になりますので、分割の形態としては新設分割型分割となります。

　また、分割承継法人である乙社は株主となるオーナーのAにより、完全支配関係が継続されることが見込まれており、分割対価として分割承継法人株式以外の交付がなく、乙社株式が、甲社株主が有する甲社株式の持株割合に応じて交付されるものであり按分型要件も満たしていることから、本件分割は適格分割としての取扱いとなります。

　甲社から乙社へ、適格分割型分割直前の帳簿価額で資産負債の引継ぎを行ったものとして処理を行います。

（2）適格分割等による期中損金経理額等の損金算入に関する届出の提出

　適格分割により移転する資産が減価償却資産の場合には、いつの時点の帳簿価額で移転するかが問題になりますが、「適格分割等による期中損金経理額等の損金算入に関する届出」を適格分割の日以後2か月以内に分割法人の納税地の所轄税務署長に提出した場合には、分割があった日の前日を事業年度末日として計算した減価

償却費を控除後の帳簿価額で移転することになります。

　届出を提出していない場合には、分割があった日の属する事業年度の期首帳簿価額により移転することになります。

　本件についても、甲社側で可能な限り減価償却費を計上したいため、当該届出書を提出しています。甲社で×4年4月1日～9月30日分の減価償却費を計上し、償却後の簿価で乙社へ移転することになります。

(3) 分割移転純資産割合

　分割による資産・負債の移転割合（分割移転純資産割合）を算出します。この分割移転純資産割合は、次の **(4)** 分割法人の資本金等の額の減少額や、下記 **(5)** の分割法人株主の取得価額計算において使用します。下記算式のとおり簿価純資産価額を用いて計算を行いますが、会計上の簿価純資産価額ではなく、税務上の簿価純資産価額を使う点には留意してください。

$$\frac{\text{分割直前の移転資産の簿価純資産　375,000,000円}_{(①)}}{\text{分割法人の直前期末の簿価純資産　1,000,000,000円}_{(②)}} = \begin{array}{l}\text{分割移転純資産}\\\text{割合 37.5 \%}\end{array}$$

① 分割直前の移転資産の簿価純資産

$$\begin{array}{l}100{,}000{,}000\text{ 円} \\ (\text{賃貸建物})\end{array} - \begin{array}{l}5{,}000{,}000\text{円（賃貸建物}\\ \text{減価償却費×4年4月}\\ 1\text{日～9月30日分）}\end{array} + \begin{array}{l}300{,}000{,}000\text{ 円}\\ (\text{賃貸土地})\end{array} - \begin{array}{l}20{,}000{,}000\text{ 円}\\ (\text{預り敷金})\end{array}$$

$$= 375{,}000{,}000\text{ 円}$$

② 分割法人の直前期末の簿価純資産

990,000,000 円 + 10,000,000 円 = 1,000,000,000 円

（4）資本金等の額・利益積立金額の減少額

分割法人甲社の資本金等の額の減少額（＝分割承継法人乙社の資本金等の額の増加額）、分割法人甲社の利益積立金額の減少額（＝分割承継法人乙社の利益積立金額の増加額）の算定を行います。計算方法は下記のとおりですが、基本的に、まず、①資本金等の額の算定を行い、②移転資産負債とその資本金等の額の差額が利益積立金額となります。

①　資本金等の額の減少額（分割法人甲社）、
　　資本金等の額の増加額（分割承継法人乙社）

10,000,000円×37.5％（分割純資産移転割合）＝3,750,000円

②　利益積立金額の減少額（分割法人甲社）、
　　利益積立金額の増加額（分割承継法人乙社）

375,000,000円－3,750,000円＝371,250,000円

（5）オーナーA 氏の甲社株式と乙社株式

まず、適格分割型分割に該当するため、みなし配当は生じません。また、分割型分割によって、分割承継法人株式である乙株式のみを取得しているため、譲渡対価の額、譲渡原価の額はいずれも下記の分割純資産対応帳簿価額となるため、旧株（甲社株式）について譲渡損益は生じません。オーナーA が新たに取得する乙社株式の取得価額は、甲社の分割純資産対応帳簿価額に相当する金額となります。

分割型分割直前の所有株式
（旧株：分割法人株式）の ×　分割移転純資産割合 ＝ 分割純資産対応帳簿価額
帳簿価額 10,000,000 円　　　37.5 ％　　　　　　　 3,750,000 円

(6) 当事者ごとの税務処理

① 甲社（分割法人）

借方	金額	貸方	金額
預り敷金	20,000,000 円	賃貸建物	95,000,000 円
乙社株式	3,750,000 円	賃貸土地	300,000,000 円
利益積立金額	371,250,000 円		
資本金等の額	3,750,000 円	乙社株式	3,750,000 円

② 乙社（分割承継法人）

借方	金額	貸方	金額
賃貸建物	95,000,000 円	預り敷金	20,000,000 円
賃貸土地	300,000,000 円	資本金等の額	3,750,000 円
		利益積立金額	371,250,000 円

③ オーナーA氏（分割法人株主）

借方	金額	貸方	金額
乙社株式	3,750,000 円	甲社株式	3,750,000 円

【期中損金経理届出書】

適格 分 割 等 に よ る
期 中 損 金 経 理 額 等
の損金算入に関する届出書

※整理番号		
※連結グループ整理番号		

税務署受付印

令和　年　月　日

	提出法人	納　税　地	〒　東京都品川区○○～ 電話（　　　）　　－
単体法人 連結親法人	☑□	（フリガナ）	
		法 人 名 等	株式会社 甲
		法 人 番 号	0 0 0 0 0 0 0 0 0 0 0 0 0
		（フリガナ）	
		代 表 者 氏 名	谷 中 淳
		代 表 者 住 所	〒　東京都中央区○○～
		事 業 種 目	情報サービス　業

品川　税務署長殿

連結子法人（届出の対象が連結子法人である場合に限り記載）	（フリガナ）				※税務署処理欄	整 理 番 号	
	法 人 名 等					部　　門	
	本店又は主たる 事務所の所在地	〒　　　　　（　　局　　署） 電話（　　）　　－				決 算 期	
	（フリガナ）					業種番号	
	代 表 者 氏 名					整 理 簿	
	代 表 者 住 所	〒					
	事 業 種 目		業		回 付 先	□ 親署 ⇒ 子署 □ 子署 ⇒ 調査課	

適格分割等による期中損金経理額等の損金算入について

法 人 税 法　　第31条第3項、第　条第　項、第　条第　項、第　条第　項、第　条第　項
　　　　　　　　第　条第　項、第　条第　項、第　条第　項、第　条第　項、第　条第　項
　　　　　　　　第　条第　項、第　条第　項、第　条第　項、第　条第　項、第　条第　項
法人税法施行令
租税特別措置法　第　条の　第　項、第　条の　第　項、第　条の　第　項
　　　　　　　　第　条の　第　項、第　条の　第　項、第　条の　第　項
　　　　附則　　第　条第　項

の規定により下記のとおり届け出ます。

記

適格分割等に 係る分割承継法人等	法 人 名 等	株式会社 乙
	納 税 地	東京都品川区○○～
	代 表 者 氏 名	谷 中 淳

適 格 分 割 等 の 日	×4　年　10　月　1　日
添 付 書 類	期中損金経理額等の計算に関する明細を記載した申告書別表に定める書式
（その他要記載事項）	
（その他参考となるべき事項）	

税 理 士 署 名	

※税務署 処理欄	部 門	決算 期	業種 番号	番 号	整理 簿	備 考	通信 日付印	年 月 日	確認

03.06改正

（規格A4）

7 会社分割⑦ 会社分割と消費税の納税義務の 免除の特例・簡易課税の適用関係

Q （税理士からの相談）

会社分割を行った場合の分割法人、分割承継法人における消費税の納税義務等の留意点を教えてください。

A

消費税の納税義務の判定は、基準期間（法人であれば基本的に2事業年度前）における課税売上高が1,000万円以下であれば消費税の納税義務はありませんが、納税義務の免除の特例の規定に該当する場合には納税義務が生じることになります。この納税義務の免除の特例には合併や分割を行った場合についての規定もあり、合併・分割後の納税義務の判定について特別な判定計算が設けられています。

この判定計算については、新設分割と吸収分割で違いがあり、特に分割事業年度の翌々事業年度以後の判定計算は大きく異なってきます。新設分割と吸収分割の検討を行う際には重要なポイントとなりますので、しっかり事前に検証を行う必要があります。

また、簡易課税制度の適用についても同様の論点がありますので、分割後の簡易課税制度の適用関係についても事前にしっかり検討しておく必要があります。

以下の解説については、都合上、期中分割や分割法人と分割承継法人の事業年度が一致していないケース等は考慮していませんのでご了承ください（実際の条文は事業年度が一致していないケース等を踏まえ複雑な判定式となっています）。

（1）新設分割の場合の消費税の納税義務の免除の特例

①　新設分割子法人（分割承継法人）の納税義務の判定

（ⅰ）分割があった日の属する事業年度及び翌事業年度

　設立1期目、2期目となり、基本的に新設分割子法人の基準期間はありませんので、新設分割親法人の課税売上高を使って判定を行います。基準期間に対応する期間における、新設分割親法人の課税売上高が1,000万円を超えると新設分割子法人は課税事業者になります。

（ⅱ）分割等があった日の属する事業年度の翌々事業年度以降

　基本的に設立3期目以降となり、新設分割子法人に基準期間がありますが、判定については、「特定要件」に該当するか否かで変わります。この特定要件に該当する場合には、分割親法人と分割子法人の課税売上高の合算で判定を行い、特定要件に該当しない場合には分割子法人単独の課税売上高で判定を行います。特定要件に該当する限り分割親法人との合算計算が期間無制限に続くことになります。下記の吸収分割にはない規定ですので、新設分割と吸収分割を選択する場合には1つのポイントとなります。

> **特定要件（消法12③、消令24④）について**
> 　特定要件とは、新設分割子法人の発行済株式又は出資（その新設分割子法人が有する自己の株式又は出資を除く。）の総数又は総額の50％超の数又は金額の株式又は出資が新設分割親法人及び新設分割親法人と特殊な関係にある者の所有に属する一定の場合をいう。
> 　（※）　特定要件の判定は基準期間の末日に行います。

（a）新設分割子法人が特定要件に該当する場合

　新設分割親法人の基準期間に対応する期間における、新設分割親法人と新設分割

子法人の課税売上高の合計額が 1,000 万円を超えると課税業者になります。

(b) 新設分割子法人が特定要件に該当しない場合

基準期間における、新設分割子法人の課税売上高が 1,000 万円を超えると課税事業者になります。

② 新設分割親法人（分割法人）の納税義務の判定

(ⅰ) 分割等があった日の属する事業年度及び翌事業年度

特に特別な計算はなく、通常どおり新設分割親法人の基準期間における、新設分割親法人の課税売上高が 1,000 万円を超えているかどうかで判定を行います。

(ⅱ) 分割等があった日の属する事業年度の翌々事業年度以後

ここからは、新設分割親法人においても特別な計算が必要となります。上記①の新設分割子法人の判定と同様に、新設分割子法人が特定要件に該当する場合には、新設分割親法人についても、新設分割子法人との課税売上高を合算して判定を行うことになります。

(a) 新設分割子法人が特定要件に該当する場合

基準期間に対応する期間における、新設分割親法人と新設分割子法人の課税売上高の合計額が 1,000 万円を超えると課税業者になります。

(b) 新設分割子法人が特定要件に該当しない場合

通常どおり、基準期間における新設分割親法人の課税売上高が 1,000 万円を超えると課税事業者になります。

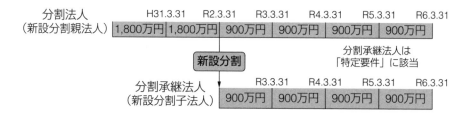

（2）吸収分割の場合の消費税の納税義務の免除の特例

① 分割承継法人の納税義務の判定

（ⅰ）分割があった事業年度と翌事業年度

　分割承継法人の基準期間における課税売上高が 1,000 万円以下であっても、その基準期間に対応する期間における分割法人の課税売上高が 1,000 万円を超えるときは、分割承継法人は課税事業者となります。

（ⅱ）分割があった事業年度の翌々事業年度以後

　新設分割と違い特定要件等の特別な判定はありません。通常どおり、分割承継法人単独での基準期間における課税売上高により判定を行います。

② 分割法人の納税義務の判定

　特に特別な判定計算はありません。通常どおり、分割法人の基準期間における課税売上高によって判定を行います。

（3）分割があった場合の消費税簡易課税制度の適用の判定

①　新設分割の場合

　消費税の簡易課税制度の適用判定についても、納税義務の判定同様に基準期間における課税売上高を使うことになります。新設分割子法人（分割承継法人）、新設分割親法人（分割法人）ともに、上記の**（1）**と同様の判定式で基準期間における課税売上高が 5,000 万円以下かどうかの判定を行うことになります。

②　吸収分割の場合

　吸収分割については、上記の新設分割とは違い、簡易課税制度の判定に当たっての特別な判定計算はありません。通常どおり、分割承継法人、分割法人それぞれの基準期間における課税売上高により判定を行います。

消費税法基本通達 13-1-2（合併法人等が簡易課税制度を選択する場合の基準期間の課税売上高の判定）

　吸収合併又は吸収分割があった場合において、当該吸収合併に係る合併法人又は当該吸収分割に係る分割承継法人の法第 37 条第 1 項《中小事業者の仕入れに係る消費税額の控除の特例》に規定する基準期間における課税売上高が 5,000 万円を超えるかどうかは、当該合併法人又は当該分割承継法人の基準期間における課税売上高のみによって判定するのであるから留意する。

---

③　簡易課税選択届出書の効力

　分割法人が提出した簡易課税制度選択届出書の効力は、分割により分割法人の事業を承継した分割承継法人には及ばないことになりますので、分割承継法人において簡易課税制度の適用を受ける場合には、簡易課税選択届出書を新たに提出する必要があります（下記の消基通 13-1-3 の 4(2)に記載のとおり、分割事業年度の提出に

ついては特例があります）。

消費税法基本通達13-1-3の4（分割があった場合の簡易課税制度選択届出書の効力等）

　分割があった場合における簡易課税制度の規定の適用は、次のようになるのであるから留意する。

(1)　分割法人が提出した簡易課税制度選択届出書の効力は、分割により当該分割法人の事業を承継した分割承継法人には及ばない。したがって、当該分割承継法人が簡易課税制度の適用を受けようとするときは、新たに簡易課税制度選択届出書を提出しなければならない。

　　（注）　法第12条第7項第2号又は第3号《分割等の意義》に該当する分割等により新設分割親法人の事業を引き継いだ新設分割子法人についても同様である。

(2)　法人が、新設分割によりその事業を承継した場合又は吸収分割により簡易課税制度の適用を受けていた分割法人の事業を承継した場合において、当該法人が新設分割又は吸収分割があった日の属する課税期間中に簡易課税制度選択届出書を提出したときは、当該課税期間は、令第56条第1項第1号《事業を開始した日の属する課税期間》又は第4号《吸収分割があった日の属する課税期間》に規定する課税期間に該当する。

　　ただし、当該課税期間の基準期間における課税売上高が1,000万円を超え、課税事業者に該当する法人が吸収分割により簡易課税制度の適用を受けていた分割法人の事業を承継した場合の当該課税期間は、令第56条第1項第4号に規定する課税期間には該当しない。

　　（注）　(2)の本文の場合においては、当該課税期間から簡易課税制度が適用されるのであるが、分割等に係る新設分割子法人については、簡易課税制度選択届出書を提出している場合であっても、当該課税期間が令第55条《仕入れに係る消費税額の控除の特例の適用がない分割等に係る課税期間》に規定するいずれかの課税期間に該当するときは、簡易課税制度は適用されないのであるから留意する。

（一部筆者修正）

8 会社分割⑧　会社分割の法務概要

Q （税理士からの相談）

会社分割の法務面について教えてください。実際に会社分割を行う場合には、大体何か月前からどのような準備を行う必要がありますか。

A

スケジュールとしては、分割の状況にもよりますが、2か月程の時間は要するものと考えます。実務上は司法書士が中心となって業務を進めていくことが一般的です。

法務面の手続きの概要は主に以下のとおりとなります。

（1）吸収分割契約・新設分割計画の作成

吸収分割を行う場合には吸収分割契約を、新設分割を行う場合には、新設分割計画を作成します。吸収分割契約・新設分割計画には原則として株主総会の特別決議の承認が必要になります。

（2）事前開示（開示事項の備置き）

株主や債権者が会社分割の内容を適切に把握できるように、分割法人と分割承継法人（新設分割の場合には分割法人のみ）は重要な事項を記載した書面を一定期間本店に備え置き、開示する必要があります。

〈開示期間〉

　原則として分割の承認総会開催日の2週間前から分割の効力発生日後6か月経過する日まで

〈主な開示書面〉

・吸収分割契約書・新設分割計画

・分割法人に交付する対価の相当性に関する事項を記載した書類

・分割法人及び分割承継法人の計算書類

(3) 債権者保護手続き

　会社分割により債権者の分割法人に対する債権が分割承継法人に承継され、分割法人がその債務の弁済義務を負わなくなる場合もあります。また、分割型分割では、分割対価が分割法人株主へ交付されることになるため、分割法人の財産は減少することになります。このように、会社分割は会社債権者に重大な影響を及ぼしますので、債権者がその会社分割に異議を申し出ることができるように、下記のような債権者保護手続きを行うことになります。異議申立期間は1か月確保しなければなりませんので、分割のスケジューリングにおいては注意が必要になります。

①　官報公告

②　知れている債権者への個別催告

　なお、分社型分割の場合で、分割による債務の移転がない場合や、分割法人が分割承継法人へ承継された負債について重畳的に債務引受けする場合には債権者保護手続きが不要となります。

(4) 労働契約承継法

　会社分割が行われると、原則として分割事業に従事している従業員は転籍しますので、労働者の権利を侵害する恐れがあります。そのため、労働契約承継法が定め

られています。分割法人は労働者に対して、事前通知、協議、異議申立ての機会を
与える必要があります。

（5）登録手続き

　分割効力発生日から2週間以内に、分割に伴う登記の変更が必要です。新設分割
により設立された法人は設立登記が必要になります。

【会社分割に伴う主な手続き一覧（吸収分割）】

手続き	期限	関係書類
官報の申込み	掲載の2週間前まで	・債権者異議申述公告
事前開示書類備置	①～③のいずれか早い日から効力発生後6か月を経過するまで ①総会の2週間前 ②分割公告の日 ③債権者保護手続	・吸収分割契約書 ・割当株式数の相当性に関する書面 ・当事会社の計算書類 ・債務の履行の見込みに関する書面
取締役会 ①吸収分割契約の承認 ②株主総会の招集		・取締役会議事録 ・株主総会招集通知
吸収分割契約の締結		・吸収分割契約書
債権者異議申述公告・催告	異議申述期間　1か月	・官報公告 ・催告書
分割に伴う労働契約に関する労働者との協議		
株主総会招集通知の発送	株主総会の日の1週間前まで	
株主への通知 （反対株主への買取請求手続）	効力発生日の20日前まで	
臨時株主総会 ①分割契約締結承認	効力発生日の前日まで	・株主総会議事録 ・吸収分割契約書
債権者異議申述期限	官報公告・個別催告から1か月間	
反対株主買取請求期限	効力発生日の20日前の日から効力発生日の前日までの間	
分割契約　効力発生日		
事後開示書類の備置	効力発生日後6か月を経過するまで	
会社分割による変更登記	効力発生日から2週間以内	
異動届出書（税務署・市区町村）の提出	遅滞なく	・異動届出書
会社分割無効の訴え提訴期限	効力発生日後6か月以内	

9 現物分配による不動産の切分け

Q （税理士からの相談）

卸売業を営む甲社とその親会社として資産管理会社乙社があります。今回、甲社の本業と不動産事業の採算の分離や将来の資産承継対策を勘案して、甲社が所有する賃貸用不動産を乙社へ移動させたいと考えています。賃貸用不動産は１物件しかなく、会社分割による移動だと法務面の手続きが煩雑に思われます。何か他の方法はないのでしょうか？

A

子会社から親会社へ不動産を移動させるのであれば、子会社が保有する不動産を現物配当により親会社に不動産を移動させる方法があります。100％の親子関係にある法人間であれば「適格現物分配」に該当し、帳簿価額による不動産の移転を行うことができます。

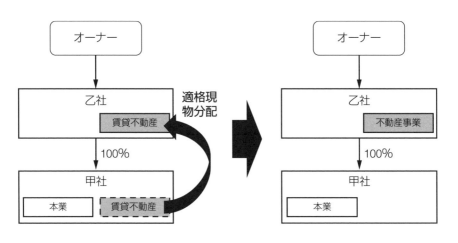

（1）現物分配

現物分配とは法人が株主等に対して、主に下記の事由として、金銭以外の資産を交付することをいいます。

① 剰余金の配当等

② 資本の払戻し

③ 解散による残余財産の分配

④ 自己株式の取得等

現物分配法人は現物分配資産を時価で譲渡したものとして、譲渡利益額・譲渡損失額は益金の額・損金の額に算入されます。現物分配資産について、通常の配当金の支払のように源泉徴収を行い納付しなければなりません。

被現物分配法人は現物分配資産を時価で分配を受けたものとして取り扱います。受取配当等の益金不算入規定の適用を受けることができます。

（2）適格現物分配（法法２十二の十五）

適格現物分配とは、内国法人を現物分配法人とする現物分配のうち、その現物分配により資産の移転を受ける者がその現物分配の直前においてその内国法人との間に完全支配関係がある内国法人（普通法人又は協同組合等に限ります）のみであるものをいいます。

ポイントとしては、①現物分配法人と被現物分配法人は共に内国法人であること、②現物分配直前に被現物分配法人と現物分配法人との間に完全支配関係があること（当事者間の完全支配関係のほか、同一の者による完全支配関係も含まれます）となります。

なお、他の組織再編とは違い、適格現物分配後に完全支配関係が継続することは要求されていません。

現物分配法人は現物分配直前における現物分配資産を帳簿価額により譲渡したものとして取り扱われることになります。源泉徴収も必要ありません。

被現物分配法人については、現物分配資産の分配を受けたことによる収益は、益金の額に算入されません。

(3) 被現物分配法人における「繰越欠損金の使用制限」・「特定資産譲渡等損失の損金不算入」

適格現物分配は、合併や分割のように、「繰越欠損金の使用制限」・「特定資産譲渡等損失の損金算入制限」の規定が設けられていることに留意する必要があります。

適格現物分配で、現物分配法人と被現物分配法人の間に次の①～③の最も遅い日から継続して「支配関係」がある場合は、この制限規定には該当しないことになります。

① 適格現物分配の日の属する事業年度開始の日の5年前の日

② 被現物分配法人の設立の日

③ 現物分配法人の設立の日

なお、他の適格合併などとは違い、適格現物分配についてはみなし共同事業要件による判定はありません。

10 事業譲渡

Q （税理士からの相談）

本業と不動産事業の分離手法として、会社分割以外にはどのようなものがありますか。

A

事業譲渡という手法があります。オーナー系の会社での不動産賃貸業の分離の手法として使われるケースは稀ですが、事業譲渡はよく会社分割と比較されることが多い手法です。

事業譲渡は会社が所有する資産・負債を個別に移転させますので、包括的に移転させる会社分割とは大きく異なります。また、税務上の取扱いも、組織再編税制の枠からは外れていますので、適格組織再編として帳簿価額での移動にはできず、原則どおり時価譲渡となる等、会社分割とは大きく取扱いが異なります。

- -

(1) 事業譲渡

事業譲渡は、売り手側が営む事業の一部若しくは全部を買い手側に譲渡します。

譲渡する資産は、土地・建物等の有形資産や、売掛金・商品在庫等の流動資産だけでなく、従業員や取引先、ノウハウ等の無形資産も対象とすることができます。

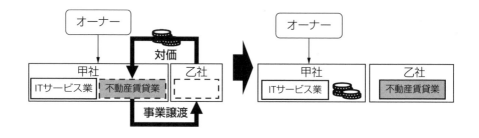

(2) 事業譲渡と会社分割の比較

① 課税関係

　法人税課税については、事業譲渡は組織再編税制の括りにありませんので、適格組織再編として帳簿価額で引き継ぐということはなく、資産を時価譲渡し、売却益・売価損が生じることになります。営業権についても検討が必要になります。

　消費税の課税については譲渡した資産ごとに課税売上・非課税売上の区分を行って消費税額を算定します。営業権の譲渡は課税対象となります。

② 労務面・法務面

　事業譲渡は個々の資産及び負債、契約関係を個別承継することから、手続きがかなり煩雑になります。しかし、会社分割と違って、公告等の債権者保護手続きが特に必要ありません。

　また、対象事業・資産及び負債の特定の一部のみを引継ぎ対象とすることができるため、譲渡対象資産・負債を会社間で自由に決定でき、引継ぎ対象とする債務の特定が可能であり、対象会社の簿外債務を負う可能性が低いというメリットがあります。

【会社分割と事業譲渡の相違点まとめ】

	会社分割	事業譲渡
会社法の組織再編行為か否か	該当する	該当しない
債権・債務の承継	各種契約相手方の同意は不要（包括承継）	各種契約相手方の同意が必要（個別承継）
債権者保護	原則、債権者保護手続きが必要（官報公告＋個別催告）	不要（個別同意を得ているため）
簿外債務の引継ぎのリスク	あり	原則としてなし
許認可	自動的に承継（承継が認められない場合もあり）	再取得が必要
従業員の雇用契約	包括承継（労働者保護手続きは必要）	個別同意
法人税	・税制適格：譲渡損益の繰延べ ・税制非適格：時価取引として譲渡損益の発生（グループ法人税制適用あり）	時価取引として譲渡損益が発生（グループ法人税制適用あり）
消費税	法的には組織の組換えなので、課税なし	取引行為に該当するため、課税資産の譲渡に対して課税あり
その他	・税制適格の場合には、営業権についての課税関係は生じない。 ・分割効力の発生までに2か月くらいの期間を要する。	・営業権についての検討が必要。 ・譲渡対価が多額の場合には、資金負担が重くなる。

（3）事業譲渡の主な法務手続き概要

　主な法務手続きの概要は下記の表のとおりとなります。

手続き	期限	関係書類
取締役会 　①事業譲渡契約締結の承認 　②株主総会の招集		・取締役会議事録 ・株主総会招集通知
事業譲渡契約の締結		・事業譲渡契約書
株主総会招集通知発送	株主総会の日の1週間前まで	
株主への通知 （反対株主への買取請求手続き）	効力発生日の20日前まで	
臨時株主総会 　事業譲渡契約締結承認	効力発生日の前日まで	
反対株主買取請求期限	効力発生日の20日前の日から効力発生日の前日までの間	
事業譲渡　効力発生日		

11 不動産移動に伴う流通税の検討

Q （税理士からの相談）

不動産事業の切分けや不動産の法人化など、不動産の移動に当たっては各種流通税がかかると思います。主な不動産の移動手法ごとにどのような違いがあるのでしょうか。

A

おっしゃるとおり、不動産の移動が伴いますので消費税、登録免許税、不動産取得税の負担を検討する必要があります。また、会社分割の場合には、一定の要件を満たすと不動産取得税の非課税の適用があります。手法ごとに違いがありますが、いずれも税負担額が相応に大きいものとなります。不動産の移動に当たっては法人税等の課税関係の検討が中心となりがちですが、流通税の検討も疎かにならないように留意する必要があります。

（1）手法ごとの不動産流通税の関係

不動産（建物・土地）の移動に伴う、消費税、不動産取得税、登録免許税の基本的な課税関係は下記の表のとおりとなります。

税目	対象資産	売買	会社分割	現物分配	合併	現物出資
消費税	建物	課税対象	対象外	対象外	対象外	課税対象
	土地	非課税	対象外	対象外	対象外	非課税
不動産取得税	建物 （非住宅）	4％	4％ 一定の条件満たすと非課税	4％	非課税	4％ 一定の条件満たすと非課税
	建物 （住宅）	3％ (※1)	3％ (※1) 一定の条件満たすと非課税	3％ (※1)	非課税	3％ (※1) 一定の条件満たすと非課税
	土地	3％ (※1)	3％ (※1) 一定の条件満たすと非課税	3％ (※1)	非課税	3％ (※1) 一定の条件満たすと非課税
登録免許税	建物	2％	2％	2％	0.4％	2％
	土地	1.5％ (※2)	2％	2％	0.4％	2％

（※1）　令和6年3月31日までの軽減税率
（※2）　令和5年3月31日までの軽減税率

　上記の税率は一般的なものの記載としています（条件によっては各種軽減税率の特例等の適用がある場合があります）。

①　不動産取得税・登録免許税の計算

課税標準額（固定資産税評価額）×税率

（※）　不動産取得税（土地）の課税標準
　令和6年3月31日までに宅地等（宅地及び宅地評価された土地）を取得した場合、当該土地の課税標準額は価格の2分の1となります。

②　消費税の非課税売上について

　売り手において土地等の非課税売上が多額に計上される場合、課税売上割合に大きく変動が生じ、消費税の仕入税額控除の計算に大きな影響を及ぼす場合がありま

す。

（2）会社分割に係る不動産取得税の非課税

　会社分割による不動産の取得については、一定の要件に該当する場合、不動産取得税は非課税となります。非課税とするためには、不動産取得税の非課税の申告を行う必要があります。注意したいのは、この不動産取得税の非課税の要件は法人税の適格要件と似ていますが、違う部分もあることです。法人税では適格要件を満たしているのに、不動産取得税の非課税の要件を満たせない場合もあります（その逆もあります）。不動産の会社分割を検討する場合には、しっかり不動産取得税の非課税の要件を満たせているかの検討をする必要があります。

①　課税の要件
（ⅰ）以下のいずれかの分割においてそれぞれの条件を満たすこと（吸収分割・新設分割を問わない）

〈分割型分割〉
・分割対価資産として、分割承継法人の株式以外の資産が交付されないこと
・当該株式が分割法人の株主等の有する当該分割法人の株式の数の割合に応じて交付されるもの（按分型要件）

〈分社型分割〉
・分割対価資産として、分割承継法人の株式以外の資産が交付されないこと

（ⅱ）以下の項目に全て該当すること
・当該分割により分割事業にかかる主要な資産及び負債が分割承継法人に移転していること
・当該分割に係る分割事業が分割承継法人において当該分割後に引き続き営まれることが見込まれていること
・当該分割の直前の分割事業に係る従業者のうち、その総数の概ね100分の80以

上に相当する数の者が当該分割後に分割承継法人に従事することが見込まれていること

（※）　支配関係の継続要件は課されていません。

②　申告に必要な提出書類（東京都より記載）

・不動産取得税非課税申告書
・分割について承認又は同意があったことを証する書類（分割会社の株主総会議事録・取締役会議事録等）
・分割の内容が分かるもの（分割計画書・分割契約書）
・履歴事項全部証明書（分割法人・分割承継法人とも）
・定款（分割法人・分割承継法人とも）
・分割法人から承継する権利義務に関する事項を確認できる書類（貸借対照表・承継権利義務明細表等）
・分割事業に係る従業員のうち、分割承継法人に従事する人数が分かる書類（会社分割に伴う労働契約の承継等に関する法律に係る書面・雇用契約書・分割前後における当該分割事業部門の従業者の人数比較表・従業者名簿等）
（※）　物件の所在する各県税事務所等ごとに提出

東京都の Q&A（一部抜粋）

Q2　分割事業に従事している者が、その他の事業にも従事している場合、その従業員は、分割事業に従事していた者として要件に該当するのか。

A2　主として、分割事業に従事しているようであれば、分割事業に従事していたと考えるため要件に該当します。しかし、その他の事業を主としている場合は、分割事業の従業者とはなりませんので、要件には該当しません。

Q3　分割事業に従事している者が１人しかいなかった場合、その者が分割承継法人へと異動すれば、要件に該当すると考えてよいのか。

A3　該当します。

Q4 　分割法人においては、分割事業に従事していたが、分割承継法人へと異動した後は、分割事業に従事しなかった場合、要件に影響を及ぼすことはあるか。

A4 　分割事業に従事していた者が分割承継法人へと異動していれば、必ずしも分割事業に従事している必要はないため、要件に影響を及ぼすことはありません（法人税基本通達1-4-9に準じます）。

Q5 　分割事業に従業していた者として、認められる者はどこまでか。

A5 　「従業者」として認められる者とは役員、使用人その他の者で、分割の直前において　分割事業に現に従事していた者のことをいいます（法人税基本通達1-4-4に準じます）。

具体的には、以下のとおりです。

① 　出向社員

分割事業に現に従事する者であれば従業者に含まれます。

② 　業務委託契約による下請先の従業員

あくまでも下請け会社の従業員に該当するため、含みません。

③ 　アルバイト

原則的には従業者に該当します。しかし、法人が従業者の数に含めないこととしている際には含みません。

④ 　役員

含まれます。例えば、代表取締役1名しか分割事業に従事していない場合、その代表取締役が分割承継法人へ異動していれば要件を満たします。なお、分割法人と分割承継法人の代表取締役を兼務した場合にも要件は満たされます。

【不動産取得税非課税申告書（東京都）】

◆ 東京都

都税条例施行規則
第50号様式（第12条の3関係）

（提出用）

受付印

不動産取得税非課税申告書

東京都　大田　都税事務所長　宛
　　　　　　　支　庁　長

年　　　月　　　日

取得者　住　　　所　　東京都品川区○○〜

氏名(名称)　　株式会社 乙社

電話番号　　　　（　　　　）

地方税法
　　第73条の4第　項第　　号
　　第73条の5
　　第73条の6第　項
　　第73条の7第2号
　　第73条の28第2項
　　附則第10条第　項
　　附則第41条第7項

に規定する不動産を取得したので、

東京都都税条例施行規則第12条の3の規定により、別紙書類を添付して申告します。

土地	所　　在	地番	地目	地　　積		取得年月日
	大田区○○一丁目	101番	宅地	200	㎡	×4 年10月 1 日

家屋	所　在　地	家屋番号	種類	構造	床面積		取得年月日
	大田区○○一丁目101番地	101番	居宅	○○造	80	㎡	×4 年10月 1 日

摘要	

備考　1　この申告書を提出する場合は、非課税となる事実を証明する書類を添付してください。
　　　2　控に受付印が必要な方は、切手を貼った返信用封筒を添えて提出してください。

リサイクルに適さない資材を使用しております。

100

第 **3** 章

不動産の有効活用に伴う税務

　本業から不動産賃貸業への転換や本業と不動産賃貸業の分離、個人所有の不動産の法人化を行う場合には、その前後において、不動産の組換え（売却・買換え・取壊し・新築）や新しい活用方法を検討することが大きなポイントとなります。

　特に、本業の廃業に伴う不動産賃貸業への転換においては、本業で使っていた事業用不動産について老朽化しているケースが多く、老朽化不動産への対応が重要です。不動産の有効活用については、税務上は「買換え」に伴う論点が多くありますので、特に「買換え」の論点を中心に解説を行います。

1 老朽化建物への対応

Q （オーナー社長からの相談）

今般、経営している会社の本業を廃業しましたが、店舗用に使っていた土地・建物を利用して不動産賃貸業への転業を行うこと考えています。ただし、不動産の立地は良いのですが、建物の築年数は古く、老朽化がだいぶ進んでおり、このままの状態でいいのか迷っています。このような老朽化建物への対応方法としてはどのようなものが考えられますか

A

本業を廃業し、本業で使っていた会社所有の不動産を活用して不動産賃貸業へ転業するような場合には、長年本業で使っていた不動産が老朽化していることが多いと思われます。

賃貸不動産は老朽化が進むと、空室率の増加による家賃収入の減少や修繕費の増大等、不動産経営における様々な問題点が出てきます。ただし、長時間経過していることからローン返済等が完了しているケースが多く、キャッシュフロー的には良好となっているケースも考えられますので、一概に悪いことばかりではありません。

老朽化不動産の活用方法には、いろいろな選択肢があると思いますが、一般的には以下のようなものが想定されます。それぞれ特徴がありますので、検討に当たっては、不動産の専門家等も交えて、様々な視点から十分に検討していく必要があります。

本章では、特に税務面でのポイントについて、各手法ごとに次節以降で見ていきたいと思います。転業の場合に限らず不動産賃貸業を運営していく上で、建物の老朽化への対応を含めた不動産の有効活用法の検討は重要な要素となってきます。

（1）建物の大規模修繕を行いながら現状の建物を維持させていく方法

　築古の物件は入居者が集まりにくく、空室率が増加します。家賃を下げることにより集客を上げる方法もありますが、長期的な視点で見るとデメリットの方が多いといわれています。時代の流れ、利用者のニーズに合わせたリフォーム・リノベーションを行い資産価値を維持向上させていく必要があるといえます。

（2）不動産を売却し新しい不動産を購入・新築する（買換え）

　本業を廃業するような場合であれば、立地等の求める状況も変わりますので、新規一転、新しい不動産へ買換えを行うことが検討されます。個人・法人ともに不動産の買換えを行った場合、売却益を繰り延べる「買換え特例」が税務上設けられていますので、この制度を使いながら、円滑な不動産の買換えを実現すべきとなります。

　建物を取り壊さずに、現状のまま売却する場合（いわゆるオーナーチェンジの場合）には立ち退きの問題は生じませんが、建物を取り壊してから土地を売却する場合には立ち退きの問題が生じることになります。

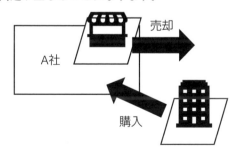

（3）建物の取壊しを行い新しい建物を新築する又は駐車場として経営していく

　建物の取壊しには多額の費用がかかり、建物の構造にもよりますが、一般的に建物建築費用の 10 ％程になるともいわれています。建物を賃貸用としている場合には入居者への立ち退きの問題が生じてきます。

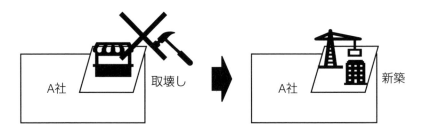

2　特定資産の買換えの圧縮記帳制度について

Q　（オーナー社長からの相談）

　当社が所有する不動産を売却して、新しい不動産の購入を検討しています。法人の買換え特例（特定資産の買換えの圧縮記帳制度）について教えてください。

A

　実務上は「長期所有資産の買換え」によることがほとんどかと思われますが、適用要件も多く、限度額計算等は判断に迷う項目も少なくありません。

　不動産の売却益は多額になることが多く、法人の経営上もインパクトの大きいものとなりますので、判断のミスは致命的になります。また、原則の規定どおりに譲渡資産の売却や買換資産の取得ができないことも実務上よく起こりますので、「特別勘定の設定」や「買換資産の先行取得」についてもしっかり理解する必要があります。

　ただし、本規定の適用について同族関係者間の譲渡について制限はありませんので、同族関係者への譲渡についても適用が受けられることになります（グループ法人税制の適用関係には注意）。

　また、本規定を適用した資産については、特別償却の適用はできないことにも留意する必要があります。

　制度内容の詳細は以下のとおりです。

(1) 制度概要

　法人が特定の資産を譲渡し、一定期間内に特定の買換資産を取得して事業の用に供したときには、圧縮記帳の適用が受けられます。

　法人が、その適用期間中（現行：昭和45年4月1日から令和5年3月31日）に、その所有する棚卸資産以外の特定の資産（譲渡資産）を譲渡し、譲渡の日を含む事業年度において特定の資産（買換資産）を取得し、かつ、取得の日から1年以内に買換資産を事業の用に供した場合又は供する見込みである場合に、買換資産について圧縮限度額の範囲内で帳簿価額を損金経理により減額するなどの一定の方法で経理したときは、その減額した金額を損金の額に算入する圧縮記帳の適用を受けることができます。

(2) 圧縮記帳の対象となる買換え

　圧縮記帳の対象となる買換えは、次の買換えです。実務上は「④長期所有資産の買換え」で適用を受けるケースがほとんどのように思われます。

① 　既成市街地等の区域内から区域外への買換え

② 　航空機騒音障害区域の内から外への買換え

③ 　既成市街地等及びこれに類する一定の区域（人口集中地区）内における土地の計画的かつ効率的な利用に資する施策の実施に伴う土地等の買換え

④ 　長期所有資産の買換え（所有期間が10年を超える国内にある土地等、建物又は構築物から国内にある一定の土地等、建物若しくは構築物又は国内にある鉄道事業の用に供される車両運搬具への買換え）

⑤ 　日本船舶から日本船舶への買換え

（3）圧縮記帳の対象となる資産

① 圧縮記帳の対象となる譲渡資産

圧縮記帳の対象となる譲渡資産は、次の全ての要件に該当する資産です。

(i) 適用期間中（現行：昭和 45 年 4 月 1 日から令和 5 年 3 月 31 日）に譲渡したものであること

(ii) 一定の買換えに応じて定められている譲渡資産として、特定の地域にあることや一定の取得時期に取得したなどの要件を満たす土地等、建物、構築物、又は船舶であること

(iii) 棚卸資産ではないこと

(iv) 短期所有に係る土地重課制度の規定（措法 63）の適用がある土地等ではないこと(注)

 (注) 短期所有に係る土地重課制度は平成 10 年 1 月 1 日から令和 5 年 3 月 31 日までの間にした土地の譲渡等については、適用が停止されています。

(v) 土地収用法等による収用、買取り、換地処分、権利変換等により譲渡する資産ではないこと

(vi) 贈与、交換、出資、適格現物分配又は代物弁済により譲渡する資産ではないこと

(vii) 合併又は分割により移転する資産ではないこと

② 圧縮記帳の対象となる買換資産

圧縮記帳の対象となる買換資産は、次の全ての要件に該当する資産です。

(i) 譲渡資産に応じて定められている土地等、建物、構築物、船舶、機械及び装置又は一定の減価償却資産であること

(ii) 原則として、譲渡資産を譲渡した日を含む事業年度に取得した資産であること

（注）　譲渡資産を譲渡した日を含む事業年度の前後1年以内（やむを得ない事情がある場合には税務署長が認定した期間内）に取得した資産も含みます。

(iii)　取得した日から1年以内に事業の用に供したか又は供する見込みであること

(iv)　長期所有の土地等（所有期間が10年を超える土地、建物、構築物等）に係る措置について、買換えによって取得した資産が土地等である場合には、特定施設（事務所等の一定の施設をいいます）の敷地の用に供されるもの（その特定施設に係る事業の遂行上必要な駐車場の用に供されるものを含みます）又は駐車場の用に供されるもの（一定のやむを得ない事情(注)があるものに限ります）で、その面積が300平方メートル以上であること

（注）　一定のやむを得ない事情とは、次のいずれかの手続き等が進行中であることについて所定の書類により明らかにされた事情をいいます。
　(a)　都市計画法29条1項又は2項の規定による許可の手続き
　(b)　建築基準法6条1項に規定する確認の手続き
　(c)　文化財保護法93条2項に規定する発掘調査
　(d)　建築物の建築に関する条例の規定に基づく手続き（建物又は構築物の敷地の用に供されていないことがその手続理由とするものであることにつき国土交通大臣が証明したものに限ります）

(v)　買換えによって取得した資産が土地等である場合には、譲渡資産である土地等の面積の5倍以内の面積である部分であること

(vi)　原則として、合併、分割、贈与、交換、出資、適格現物分配、代物弁済又は所有権移転外リース取引により取得する資産ではないこと

（4）圧縮限度額

圧縮限度額は、次の算式によって計算します。

圧縮限度額＝圧縮基礎取得価額(注1)×差益割合(注2)×80／100

（注1）　圧縮基礎取得価額とは、買換資産の取得価額と譲渡資産の譲渡対価の額の
　　　　うちいずれか少ない金額をいいます。

（注2）　差益割合の算式
　　　原則として、個々の譲渡資産ごとにその譲渡対価の額等を基礎にして計算を行い
　　ますが、例外として、土地と建物を一括して譲渡したような場合等一定の場合に
　　は、一括して差益割合を計算することもできます（措通65の7(3)-1）。

$$\frac{譲渡資産の譲渡対価の額－（譲渡資産の譲渡直前の帳簿価額＋譲渡経費の額_{(注3)}）}{譲渡資産の譲渡対価の額}$$

（注3）　譲渡経費の額
　　　主に下記のような費用が該当します（措通65の7(3)-5～6）。
　①　譲渡に要したあっせん手数料、謝礼
　②　譲渡資産が建物である場合の借家人に対して支払った立退料
　③　譲渡資産の測量、所有権移転に伴う諸手続き、運搬、修繕等の費用で譲渡資
　　　産を相手方に引き渡すために支出したもの
　④　土地等の上にある資産又は建物内に施設されている資産について、当該土地
　　　等又は建物の譲渡に関する契約の一環として若しくは当該譲渡のために取壊し
　　　又は除去を要する場合には、当該取壊し又は除去により生ずる損失の額（これ
　　　らの資産を移設する場合において、その取得価額に算入すべきものを除く）

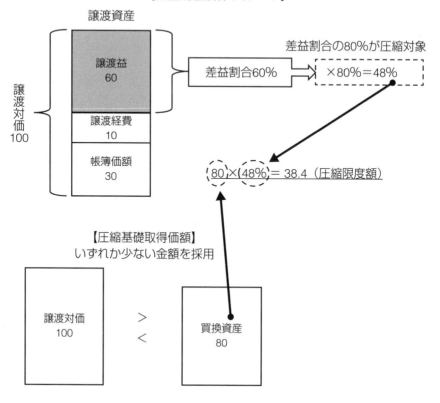

【圧縮限度額計算のイメージ】

（5）圧縮記帳を受けるための経理方法

　この圧縮記帳の適用を受けるためには、次のいずれかの経理方法を採用する必要
があります。

　　①　損金経理により買換資産の帳簿価額を減額する方法
　　②　確定した決算において積立金として積み立てる方法
　　③　決算の確定の日までに剰余金の処分により積立金として積み立てる方法

（6）圧縮記帳を受けるための手続き

　圧縮記帳の適用を受けるためには、確定申告書等に損金の額に算入される金額を記載するとともに、特定の資産の買換えにより取得した資産の圧縮額等の損金算入に関する明細書（別表13⑸）など一定の書類を添付することが必要です。

（7）譲渡した事業年度に買換資産の取得ができないとき

①　特別勘定の設定による譲渡益の繰越し

　不動産の売却や購入については高額な取引となることが多く、また、諸条件の調整・決定や引渡しを行うための手続きに時間を要するケースは実務上多くあり、本特例の適用に当たって、原則の期間内に買換資産の取得が難しいケースも想定されます。

　このような状況に備えて、特定資産の買換えの特例の対象となる土地や建物の譲渡をした日を含む事業年度内に一定の買換資産の取得ができなかった場合において、原則として、その譲渡をした日を含む事業年度の翌事業年度の開始の日以後1年を経過する日までに一定の買換資産を取得し、その取得の日から1年以内に事業の用に供する見込みであるときは、特別勘定の設定をすることで、一旦譲渡益の繰延べを行うことができます。

　この場合、譲渡した日を含む事業年度の確定した決算において、譲渡資産の譲渡対価の額のうち買換資産の取得に充てようとする額に差益割合を乗じた金額の100分の80に相当する金額以下の金額を特別勘定として経理することが認められています。この特別勘定に繰り入れた金額は、損金の額に算入されますので、譲渡益の一部と相殺されます。

【特別勘定の設定金額】

譲渡対価の額のうち買換資産の取得に充てようとする部分の金額 × 差益割合×80% ＝ 特別勘定に経理することができる金額

② 特別勘定設定後において買換資産を取得した場合

上記①により特別勘定を設定した場合において、譲渡資産の譲渡をした日を含む事業年度の翌事業年度の開始の日以後1年を経過する日までの間に買換資産を取得して事業の用に供したときには、その買換資産について圧縮記帳が認められます。

この場合、特別勘定の金額のうち、買換資産の圧縮基礎取得価額に差益割合を乗じた金額の80％に相当する金額を益金の額に算入しなければなりません。

【圧縮限度額の計算】

圧縮基礎取得価額×差益割合×80％＝圧縮限度額

（※） この場合、特別勘定の金額を取崩し、益金の額に算入します。
（※） 計算内容は上記の（4）と同じです

③ 手続き規定

特別勘定を設定する場合には、確定申告書等に損金の額に算入される金額を記載するとともに、特定の資産の買換えにより取得した資産の圧縮額等の損金算入に関する明細書（別表13⑸）や取得をする見込みである買換資産の種類及び取得予定年月日などを記載した書類「特定の資産の譲渡に伴う特別勘定を設けた場合の取得予定資産の明細書」を添付することが必要です。

（8）買換資産を先行取得した場合

① 買換資産を先行取得した場合の圧縮記帳の適用

上記の**（7）**とは違い、今度は買換資産を先に購入し、その事業年度中に譲渡資産の譲渡ができない場合の話になります。

法人がその有する資産の譲渡等をした日を含む事業年度開始の日前1年（やむを得ない事情があるときは3年）以内に買換資産の取得をし、かつ、その取得の日から1年以内に事業の用に供した場合又は供する見込みである場合は圧縮記帳をすることができます。

【圧縮限度額（買換資産が土地等の場合）】

圧縮基礎取得価額×差益割合×80％＝圧縮限度額

【圧縮限度額（買換資産が減価償却資産の場合）】

$$圧縮基礎取得価額 \times \frac{買換資産の前期末帳簿価額}{買換資産の前期末取得価額} \times 差益割合 \times 80\% ＝ 圧縮限度額$$

② 手続き規定

この場合には、買換資産を取得した事業年度終了の日の翌日から2月以内に所轄税務署長に「先行取得資産に係る買換えの特例の適用に関する届出書」を提出する必要があります（措法65の7、措令39の7）。

3 不動産の買換え圧縮記帳の計算事例

Q （オーナー社長からの相談）

　自社で長年営んできた雑貨店を廃業しました。雑貨店の店舗用の土地・建物はともに自社で所有していますが、都心の駅前の商店街と好立地にあり、土地の含み益はかなりあります。

　今回廃業しましたので、この店舗用の不動産を売却し、少し離れた郊外にマンション1棟を購入し、不動産賃貸業を経営しながら、老後の生活を送っていきたいと考えています。

　売却に当たっては、まず、老朽化した店舗用の建物の取壊しを行います。その後、残った更地について売却を行い、その売却代金でマンション1棟を購入することになるため、不動産の買換えを行うことになります。更地の売却により、多額の売却益が生じることになりますが、特定資産の買換えの場合等の圧縮記帳の適用が受けられるものと考えています。具体的にどのような計算となり、圧縮金額はどれくらいになるのか教えてください。

A

　適用要件が多く、圧縮限度額計算も物件が複数ある場合等は複雑になっていますので、買換えの前段階から入念に適用要件について検討を行うことが大切です。

　本相談の具体的な計算例は次のとおりです。

（1）買換えの諸条件

　売却した土地（譲渡資産）と、購入したマンション（買換資産）の前提条件は下記のとおりとなります。いずれも、長期所有資産の買換えの圧縮記帳の適用要件は満たしているものとします。

〈譲渡資産（店舗用の土地・10年超保有・300 m²）〉
・譲渡対価の額　土地：500,000,000 円
・譲渡資産簿価　土地：250,000,000 円
・譲渡経費：15,000,000円（仲介手数料）＋20,000,000円（建物取壊費用）＝35,000,000円

〈買換資産（賃貸用マンション1棟）〉
　土地：250,000,000 円（320 m²）
　建物：200,000,000 円

（2）圧縮限度額計算

　圧縮限度額の計算は下記のとおりとなります。本件事例は譲渡資産が1つに対して、買換資産が2つとなりますが、この場合、下記①の圧縮基礎取得価額の算定について、いずれの買換資産から充てられたものとするかは法人の任意となります。本件では、非減価償却資産である土地に圧縮損を多く計上したいため、まず土地から充てられたものとして計算をしています。

①　圧縮基礎取得価額
　（i）　土地：250,000,000 円
　（ii）　建物：200,000,000 円

$$500,000,000 - 250,000,000 = 250,000,000 > 200,000,000 \quad \therefore 200,000,000$$

② 差益割合

（ⅰ） 土地
$$\frac{500,000,000 - (250,000,000 + 35,000,000)}{500,000,000} = 43\%$$

③ 圧縮限度額

（ⅰ） 土地　$250,000,000 \times 43\% \times 80\% = 86,000,000$ 円

（ⅱ） 建物　$200,000,000 \times 43\% \times 80\% = 68,800,000$ 円

（3）会計処理・税務処理

① 損金経理により帳簿価額を減額する方法

　中小企業では、税務調整を少なくする上でも、この方法が採られるケースが多いと思われます。圧縮損を計上し、直接買換資産から減額を行います。このときに減額する買換資産が土地と建物の2つあるような場合には、どちらの資産を優先するかは任意ですが、建物は毎期減価償却を行っていきますので、非減価償却資産である土地を優先することで課税の繰延べの効果は大きくなります。

（ⅰ）会計処理

（a）譲渡資産の売却時

借方	金額	貸方	金額
現金預金	500,000,000	土地	250,000,000
		土地売却益	250,000,000
仲介手数料	15,000,000	現金預金	35,000,000
建物取壊費用	20,000,000		

(b) 買換資産の取得時

借方	金額	貸方	金額
土地	250,000,000	現金預金	450,000,000
建物	200,000,000		

(c) 圧縮記帳

借方	金額	貸方	金額
土地圧縮損	86,000,000	土地	86,000,000
建物圧縮損	68,800,000	建物	68,800,000

(ⅱ) 税務調整

なし。

4 不動産の買換え留意点①
買換資産を分譲マンションとする場合

Q （オーナー社長からの相談）

　長年事業の用に供してきた自社所有の店舗用土地建物を売却し、資産価値の高い都心のタワーマンションの１室（分譲マンション）を購入し、不動産賃貸業を行っていきたいと考えています。店舗用の土地建物は含み益が多額になるため、高額な売却益が見込まれます。特定資産の買換え圧縮記帳制度（長期所有土地等の買換え）を適用し、課税の繰延べを行いたいと考えていますが、適用関係で注意すべき点はありますか？

A

　分譲マンションを買換資産とする場合、その土地部分については敷地所有権等により面積要件を判定することになりますが、300 ㎡以上の面積要件を満たすことは非常に厳しいケースが多いものと思われます。ただし、建物部分については面積要件がありませんので、土地部分の適用の有無にかかわらず、他の要件を満たせば、建物部分については買換えの圧縮記帳の適用ができるものと考えられます。

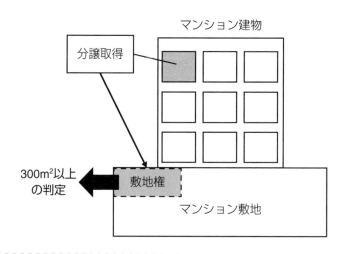

　長期所有土地等の買換えの圧縮記帳の適用を受けるためには、その買換資産が土地等である場合には、その面積が300㎡以上の土地等あることが要件の1つとなります。

　この300㎡以上の面積判定については、下記の措置法通達65の7(1)–30の3（長期所有の土地等の買換えに係る面積の判定）が規定されており、土地が共有の場合や本件のように区分所有建物の土地等の場合についての取扱いが示されています。

　区分所有建物の土地等の面積判定については、全体の土地等の総面積（マンション全体の面積）に専有部分の総床面積のうちに対象となる区分所有建物の専有部分の床面積が占める割合を乗じて算定することになります。

　部屋数の少ないマンション等であれば別ですが、部屋数の多い高層マンション等であれば1部屋に対応する面積は相当に小さいものになると思われますので、300㎡以上となるケースはほとんどないものと思われます。

措通 65 の 7 ⑴-30 の 3（長期所有の土地等の買換えに係る面積の判定）

　法人が取得した土地等の面積が措置法第 65 条の 7 第 1 項の表の第 4 号の下欄に規定する 300 平方メートル以上であるかどうかの判定については、次による。

⑴　当該土地等が 2 以上の者の共有とされるものである場合には、当該土地等の総面積に当該法人の共有持分の割合を乗じて計算した面積を、当該法人が取得した土地等の面積として判定する。

⑵　当該土地等が区分所有に係る特定施設の敷地の用に供されるものである場合には、当該土地等の総面積に当該特定施設の専有部分の総床面積のうちに当該法人の専有部分の床面積の占める割合を乗じて計算した面積を、当該法人が取得した土地等の面積として判定する。

5 不動産の買換え留意点② 買換資産を社宅として利用する場合

Q （オーナー社長からの相談）

今回、所有期間 10 年超の長期所有資産の買換えの圧縮記帳の適用を受けるために、買換資産として、役員社宅用の土地（300 m²）・建物を購入し、オーナー社長である私の住居として利用することを予定しています。もちろん家賃については、所得税基本通達に定める適正な賃貸料相当額を会社に支払う予定です。買換えの圧縮記帳の適用を受けることはできるのでしょうか？

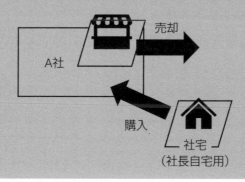

A

本件の役員社宅用の土地・建物については、土地については「特定施設」の敷地の用に供されている土地等に該当せず、また、建物については所得税基本通達 36-40 に定める賃貸料相当額の収受では「相当の対価」を得ているものとは考えられませんので、長期所有資産の圧縮記帳の適用を受けることは難しいものと考えられます。

（1）特定施設の敷地の用に供される土地等

　平成24年度の税制改正により、長期所有資産の買換えの圧縮記帳について、買換資産とする土地等について条件が付されており、具体的には「特定施設」の敷地の用に供される土地等であることが主な条件となります。この「特定施設」とは、事務所・工場・作業場・研究所・営業所・店舗・倉庫・住宅その他これらに類する施設をいい、福利厚生施設に該当するものを除くとされています。特定施設からは福利厚生用施設が除かれていますので、社宅の敷地については特定施設の敷地の用に供されている土地等には該当しないことになり、長期所有資産の買換えの圧縮記帳の適用ができないことになります。

（2）相当の対価を得て継続的に行われるものであること

　建物部分については、土地等のように条件は付されていないため、基本的に買換資産に該当することになりますが、措置法通達65の7⑵–1に定める、買換資産を事業の用に供したことの意義の要件を満たすためには、「相当の対価」を賃料として設定することが必要と考えられており、所得税基本通達36-40に定める適正な賃貸料相当額ではこの要件を満たすことは難しいものと考えられています。

租税特別措置法65の7①　表の四　買換資産

　国内にある土地等（事務所、事業所その他の政令で定める施設（以下この号において「特定施設」という。）の敷地の用に供されるもの（当該特定施設に係る事業の遂行上必要な駐車場の用に供されるものを含む。）又は駐車場の用に供されるもの（建物又は構築物の敷地の用に供されていないことについて政令で定めるやむを得ない事情があるものに限る。）で、その面積が300平方メートル以上のものに限る。）、建物又は構築物

租税特別措置法施行令 39 の 7 ⑤

　法第 65 条の 7 第 1 項の表の第四号の下欄に規定する政令で定める施設は、事務所、工場、作業場、研究所、営業所、店舗、倉庫、住宅その他これらに類する施設（**福利厚生施設に該当するものを除く。**）とし、同欄に規定する政令で定めるやむを得ない事情は、次に掲げる手続その他の行為が進行中であることにつき財務省令で定める書類により明らかにされた事情とする。

省略

租税特別措置法関係通達 65 の 7 ⑴-18（福利厚生施設の範囲）

　措置法令第 39 条の 7 第 2 項及び第 5 項に規定する「福利厚生施設」には、**社宅**、**寮**、**宿泊所**、**集会所**、**診療所**、**保養所**、**体育館その他のスポーツ施設**、**食堂**その他これらに類する施設が含まれる。

租税特別措置法関係通達 65 の 7 ⑵-1（買換資産を当該法人の事業の用に供したことの意義）

　法人が、その取得した買換資産について措置法第 65 条の 7 第 1 項の規定の適用を受けることができるのは、当該買換資産をその取得の日から 1 年以内に当該法人の事業の用に供した場合又は供する見込みである場合に限られるのであるが、この場合において当該法人の事業の用に供したかどうかの判定は、次による。

⑴～⑸省略

⑹　他に貸し付けている資産は、その貸付けが相当の対価を得て継続的に行われるものに限り、当該法人の事業の用に供したものに該当する。ただし、その貸付けを受けた者が正当な理由なく当該資産をその貸付けの目的に応じて使用していないこと、その貸付けを受けた者における当該資産の使用の状況が⑴、⑵の本文、⑶、⑷及び⑸の後段に該当すること等の事情があるため、その貸付けが専ら圧縮記帳の適用を受けることを目的として行われたと認められる場合は、この限りでない。

(7) 次に掲げるものは、相当の対価を得ていないものであっても、継続的に行われる
　　ものである限り、(6)にかかわらず、当該法人の事業の用に供したものに該当する。
　イ　自己の商品等の下請工場、販売特約店等に対し、それらが商品等について加
　　　工、販売等をするために必要な施設として貸し付けるもの（その貸付けを受け
　　　た者がその貸付けの目的に応じて使用しているものに限る。）
　ロ　工場、事業所等の従業員社宅（役員に貸与しているものを除く。）、売店等と
　　　して貸し付けているもの
　（注）　役員に貸与している社宅は、(6)の取扱いを適用することになる。

6 不動産の買換え留意点③ 買換資産を駐車場として利用する場合

Q （オーナー社長からの相談）

　会社で 10 年超所有していた店舗用の土地・建物を売却し、郊外の宅地（300 ㎡以上）を購入しました。売却不動産について多額の売却益が出ており、長期所有資産の買換えの圧縮記帳の適用を受けたいと考えています。ただし、この買換資産である土地については、利用用途がまだ決まらないため、いったんアスファルト敷設を行い、しばらくの間、月極駐車場として賃貸を行っていきたいと考えています。長期所有資産の買換えの圧縮記帳の適用を受けることができるのでしょうか？

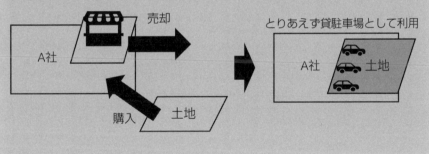

A

　本件の駐車場として利用する土地等については、特定施設の事業の遂行上必要な駐車場ではなく、また、措置法施行令 39 条の 7 第 5 項に定める「やむを得ない事情」がある場合にも該当しませんので、長期所有資産の買換えの圧縮記帳制度における買換資産には該当せず、買換えの圧縮記帳の適用を受けることはできないものと考えられます。

長期所有資産の買換えの圧縮記帳の適用については、駐車場用の土地も買換資産として認められていますが、下記2つの場合に限定されています。基本的に駐車場用単体として使用する場合には、長期所有資産の買換えの圧縮記帳の適用はできないものと考えられます。

① 事務所・工場・店舗などの特定施設に係る事業の遂行上必要な駐車場用地

　主に事務所や工場、店舗に併設する来客用駐車場等のように特定施設の事業遂行上必要なものが想定されています。

② 建物又は構築物の敷地の用に供されなかったことにつき、「やむを得ない事情」がある場合の駐車場用地

　「やむを得ない事情」については、租税特別措置法施行令39条の7第5項に掲げる事由に伴うものであり、土地開発許可の手続・建築確認の手続き・文化財の発掘調査・築物の建築に関する条例の手続きが進行中であることにつき、租税特別措置法施行規則22条の7第1項で定める書類により明らかにされた事情とされています。

租税特別措置法施行令39条の7第5項

　法第65条の7第1項の表の第4号の下欄に規定する政令で定める施設は、事務所、工場、作業場、研究所、営業所、店舗、倉庫、住宅その他これらに類する施設（福利厚生施設に該当するものを除く。）とし、同欄に規定する政令で定めるやむを得ない事情は、次に掲げる手続その他の行為が進行中であることにつき財務省令で定める書類により明らかにされた事情とする。

　　一　都市計画法第29条第1項又は第2項の規定による許可の手続

　　二　建築基準法第6条第1項に規定する確認の手続

　　三　文化財保護法第93条第2項に規定する発掘調査

　　四　建築物の建築に関する条例の規定に基づく手続（建物又は構築物の敷地の用

に供されていないことが当該手続を理由とするものであることにつき国土交通大臣が証明したものに限る。）

租税特別措置法施行規則 22 の 7 条第 1 項

　施行令第 39 条の 7 第 5 項に規定する財務省令で定める書類は、次の各号に掲げる行為の区分に応じ当該各号に定める書類とする。

　一　施行令第 39 条の 7 第 5 項第 1 号に掲げる手続　同号に規定する許可に係る都市計画法第 30 条第 1 項に規定する申請書の写し又は同法第 32 条第 1 項若しくは第 2 項に規定する協議に関する書類の写し

　二　施行令第 39 条の 7 第 5 項第 2 号に掲げる手続　同号に規定する確認に係る建築基準法第 6 条第 1 項に規定する申請書の写し

　三　施行令第 39 条の 7 第 5 項第 3 号に掲げる発掘調査　文化財保護法第 93 条第 2 項の規定による当該発掘調査の実施の指示に係る書類の写し

　四　施行令第 39 条の 7 第 5 項第 4 号に掲げる手続　国土交通大臣の同号の証明をしたことを証する書類の写し

7 立退料の取扱い

Q （オーナー社長からの相談）

　会社の本業は廃止しましたが、会社所有の店舗用建物を活かして、不動産賃貸業への転換を考えています。現在、この店舗用建物は、1 階は自社の店舗用として、2 階〜5 階は貸事務所として賃貸していますが、老朽化が進んでいるため、この建物を取り壊して新しい建物を建築することを考えています。2 階〜5 階の入居者には、立ち退きをしてもらうことになるため、立退料の支払をする予定です。具体的には、建替え後の新ビルに引き続き入居する者には仮店舗補償金を支払い、新ビルに入居しない者には立退料の支払をする予定で考えています。この立退料や仮店舗補償金は税務上どのような取扱いになるのでしょうか。

A

　建物の建替えに伴う取壊しや建物の売却（オーナーチェンジの場合は除く）を行う場合等には多額の立退料の支払が生じることがあります。立ち退き交渉などでトラブルになるケースも多く、特に法務面を中心に留意事項が多いため、慎重に検討を行う必要があります。ここでは税務上の取扱いについて確認を行います。

　立退料については、他の者が有する土地・建物等を取得するときに、その使用者等に支払う立退料は、その取得する土地、建物等の取得価額に算入しなければなりません（法基通 7-3-5）。本件については、このような他の者が有する不動産の購入ではなく、自社ビルの取壊しに伴うものとなりますので、旧建物の取壊し費用に近い性質のものと考えられます。旧建物の取壊し費用は新建物の取得価額に算入されるものでないこと（法基通 7-7-1）からも、本件の立退料は新建物の取得価額に含

める必要はなく、取壊し時の損金算入が可能と考えられます。仮店舗補償金についても同様に、損金算入が可能であると考えられます。

（1）立退料の取扱い

① 売却や取壊しをするための立退料

法人が支払う立退料は基本的に損金算入されます。自社所有の建物を売却や取壊しをするためにその建物の入居者に支払う立退料は、損金の額に算入されます。

② 土地・建物等を取得するために支払う立退料等

法人が他の者が有する土地又は建物等を取得するために、その土地又は建物等の使用者等に支払う立退料等は、その取得する土地又は建物等の取得価額に算入します。

> **法人税基本通達 7-3-5（土地、建物等の取得に際して支払う立退料等）**
> 法人が土地、建物等の取得に際し、当該土地、建物等の使用者等に支払う立退料その他立退きのために要した金額は、当該土地、建物等の取得価額に算入する。

③ 建物を賃借するために前の入居者へ支払う立退料

建物を賃借するために支払う立退料は、法人税基本通達 8-1-5 の「建物を賃借するために支出する権利金、立退料その他の費用」に該当するため、繰延資産として取り扱います。

> **法人税基本通達 8-1-5（資産を賃借するための権利金等）**
> 次のような費用は、令第 14 条第 1 項第 6 号ロ《資産を賃借するための権利金等》に規定する繰延資産に該当する。
> ⑴ 建物を賃借するために支出する権利金、立退料その他の費用

(ロ)　電子計算機その他の機器の賃借に伴って支出する引取運賃、関税、据付費その他の費用

（注）　建物の賃借に際して支払った仲介手数料の額は、その支払った日の属する事業年度の損金の額に算入することができる。

④　借地人に支払う立退料

借地権の買戻しの対価となり、土地の取得価額に計上します（借地権部分を購入したイメージ）。

（2）立退料と消費税

賃貸人が賃借人に支払う立退料は、消費税の課税対象とはなりません。

消費税法基本通達 5-2-7（建物賃貸借契約の解除等に伴う立退料の取扱い）

建物等の賃借人が賃貸借の目的とされている建物等の契約の解除に伴い賃貸人から収受する立退料（不動産業者等の仲介を行う者を経由して収受する場合を含む。）は、賃貸借の権利が消滅することに対する補償、営業上の損失又は移転等に要する実費補償などに伴い授受されるものであり、資産の譲渡等の対価に該当しない。

（注）　建物等の賃借人たる地位を賃貸人以外の第三者に譲渡し、その対価を立退料等として収受したとしても、これらは建物等の賃借権の譲渡に係る対価として受領されるものであり、資産の譲渡等の対価に該当することになるのであるから留意する。

8 建物取壊し費用・建物の取得価額

Q （オーナー社長からの相談）

　会社で所有する建物は、築年数も古くかなり老朽化していますので、建物を取り壊し、新たに新築の建物を建築しようと考えています。建物の取壊し費用、新築建物の建築費用ともにかなり高額なものになりますが、この建物の建替えに伴う、取壊し費用や新築建物の取得価額の税務上の取扱いはどのように判断したらよいのでしょうか。

A

　建物の取壊し費用は、建物取壊し時の損金算入となります。また、建物の取得価額は、購入の場合であれば、購入の代価の他に建物の購入のために要した費用や事業の用に供するために直接要した費用の額を加算した金額となります。以下に留意点等を解説していますが、実務上判断に戸惑うケースも少なくありません。

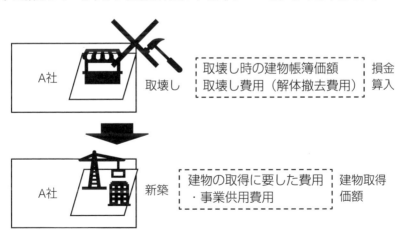

（1）建物の取壊し費用の取扱い

　法人がその有する建物を取り壊し、新たにこれに代わる建物を取得した場合には、その取り壊した資産の取壊し直前の帳簿価額は、その取り壊した日の属する事業年度の損金の額に算入します（その取壊し時に廃材が出て、その廃材処分収入があるときは、それを控除した金額となります）（法基通7-7-1）。

　また、取壊しに要する費用（解体撤去費用）も損金の額に算入されます。

　ただし、法人税基本通達7-3-6において規定されているとおり、法人が建物の敷地を建物とともに取得した場合又は自社の土地の上にある借地人の建物を取得した場合で、その取得後概ね1年以内にその建物の取壊しに着手するなど、はじめからその建物を取り壊して土地を利用する目的であることが明らかな場合には、その建物の取壊しのときの帳簿価額と取壊し費用の合計額は、その土地の取得価額に算入することとされています。

　また、はじめは建物を事業に使用する目的で取得したが、その後やむを得ない理由が生じたことにより、その使用を諦めなければならないような場合には、その取得後概ね1年以内にその建物を取り壊したときであっても、その建物の帳簿価額と取壊費用の合計額は、土地の取得価額に含めずに、取り壊したときの損金の額に算入することができます。

（2）建物の取得価額について

①　建物を購入した場合（法令54①一）

　法人が建物を購入した場合には、その購入代価の他に、その建物の購入のために要した費用やその建物を事業の用に供するために直接要した費用の額は建物の取得価額を構成することになります。

② 建物を自己で建設した場合（法令54①二）

　法人が建物を自己で建設した場合には、建設等のために要した原材料費、労務費及び経費の額やその建物を事業の用に供するために直接要した費用の額は建物の取得価額を構成することになります。

法人税法施行令54条1項（減価償却資産の取得価額）

　減価償却資産の第48条から第50条まで（減価償却資産の償却の方法）に規定する取得価額は、次の各号に掲げる資産の区分に応じ当該各号に定める金額とする。

一　購入した減価償却資産　次に掲げる金額の合計額

　イ　当該資産の購入の代価（引取運賃、荷役費、運送保険料、購入手数料、関税（関税法第2条第1項第4号の二（定義）に規定する附帯税を除く。）その他当該資産の購入のために要した費用がある場合には、その費用の額を加算した金額）

　ロ　当該資産を事業の用に供するために直接要した費用の額

二　自己の建設、製作又は製造（以下この項及び次項において「建設等」という。）に係る減価償却資産　次に掲げる金額の合計額

　イ　当該資産の建設等のために要した原材料費、労務費及び経費の額

　ロ　当該資産を事業の用に供するために直接要した費用の額

---

③ 建物の取得価額に算入する費用の留意点

（i）建物等を取得するために支払う立退料等

　詳細は「**7** 立退料の取扱い」で解説のとおりですが、法人が土地又は建物等を取得するために、その土地又は建物等の使用者等に支払う立退料等は、その取得する土地又は建物等の取得価額に算入します（法基通7-3-5）。ただし、法人が自社の建物を売却や取壊しをするために、その建物の入居者に支払う立退料は損金の額に算入されます。

（ii）住民対策費等

　工場・ビル・マンション等の建設に伴って支出する住民対策費、公害補償費等の

費用（無形固定資産や繰延資産の取得価額に算入されるものを除きます）の額で、当初からその支出が予定されているもの（毎年支出することとなる補償金を除きます）については、たとえその支出が建設後に行われるものであっても、建物の取得価額に算入することになります。

法人税基本通達 7-3-7（事後的に支出する費用）

　新工場の落成、操業開始等に伴って支出する記念費用等のように減価償却資産の取得後に生ずる付随費用の額は、当該減価償却資産の取得価額に算入しないことができるものとするが、工場、ビル、マンション等の建設に伴って支出する住民対策費、公害補償費等の費用（7-3-11 の 2 の(2)及び(3)に該当するものを除く。）の額で当初からその支出が予定されているもの（毎年支出することとなる補償金を除く。）については、たとえその支出が建設後に行われるものであっても、当該減価償却資産の取得価額に算入する。

---

④　建物の取得価額に算入しないことができる費用

　下記の、法人税基本通達 7-3-3 の 2 で掲げられているような費用については、法人の選択により建物の取得価額に算入せず、損金の額に算入することが可能です。実務上は不動産取得税や登録免許税その他登記に要する費用は、ほとんどのケースで出てくると思いますが、法人の選択により取得価額に入れるか、損金算入とするかを選べます。

　また、実務上は建物の建設等のために、事前に様々な物件の調査等を行うケースがよくあります。このような建設等のために行った調査費用等も下記の法人税基本通達 7-3-3 の 2 (2)により規定がされています。その建物等の建設のための調査費用等が計画どおりに実際に取得した建物に繋がる場合には、原則どおり建物の取得価額となりますが、調査費用等が計画どおりとならずに中止・変更となってしまったような場合には、実際に取得する建物には直接繋がらないため、建物の取得価額に算入しなくてもよいことになります。

また、建物を取得するために借り入れた借入金の利子の額は、建物の使用開始前の期間に係るものであっても、これを建物の取得価額に算入しないことができます。

法人税基本通達 7-3-3 の 2（固定資産の取得価額に算入しないことができる費用の例示）

　次に掲げるような費用の額は、たとえ固定資産の取得に関連して支出するものであっても、これを固定資産の取得価額に算入しないことができる。

(1)　次に掲げるような租税公課等の額

　　イ　不動産取得税又は自動車取得税

　　ロ　特別土地保有税のうち土地の取得に対して課されるもの

　　ハ　新増設に係る事業所税

　　ニ　登録免許税その他登記又は登録のために要する費用

(2)　建物の建設等のために行った調査、測量、設計、基礎工事等でその建設計画を変更したことにより不要となったものに係る費用の額

(3)　一旦締結した固定資産の取得に関する契約を解除して他の固定資産を取得することとした場合に支出する違約金の額

法人税基本通達 7-3-1 の 2（借入金の利子）

　固定資産を取得するために借り入れた借入金の利子の額は、たとえ当該固定資産の使用開始前の期間に係るものであっても、これを当該固定資産の取得価額に算入しないことができるものとする。

（注）　借入金の利子の額を建設中の固定資産に係る建設仮勘定に含めたときは、当該利子の額は固定資産の取得価額に算入されたことになる。

9 役員社宅として利用する

Q （オーナー社長からの相談）

　会社の本業を廃業し、会社所有の不動産を活用して不動産賃貸業への転換を行うことになりました。本業の店舗用建物を取り壊し、新たに賃貸用マンションを新築する予定です。賃貸用のマンションの1部屋は社宅として社長兼オーナーである私の居住用に使いたいと考えています。家賃の設定等税務上のような点に留意する必要がありますか。

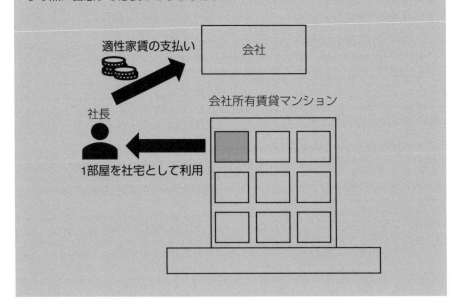

A

　役員に対して社宅を貸与する場合は、役員から1か月当たり一定額の家賃（以下「賃貸料相当額」といいます）を受け取っていれば、給与として課税されません。役

員に無償で貸与する場合や、役員から賃貸料相当額より低い家賃を受け取っている場合には、賃貸料相当額と受け取っている家賃との差額が給与として課税されることになります。

賃貸料相当額は、貸与する社宅の床面積により「小規模な住宅」とそれ以外の住宅とに分け、下記の **(1)** の計算により算定を行います。ただし、この社宅が、社会通念上一般に貸与されている社宅と認められないいわゆる「豪華社宅」に該当する場合には、**(1)** の算式の適用はなく、通常支払うべき使用料に相当する額が賃貸料相当額になります。

また、現金で支給される住宅手当や入居者が直接契約している場合の家賃負担は、社宅の貸与とは認められないので、給与として課税されます。

小規模な住宅について

法定耐用年数が 30 年以下の建物の場合には床面積が 132 m² 以下である住宅、法定耐用年数が 30 年を超える建物の場合には床面積が 99 m² 以下（区分所有の建物は共用部分の床面積を按分し、専用部分の床面積に加えたところで判定します）である住宅をいいます。

豪華社宅について

床面積が 240 m² を超えるもののうち、取得価額、支払賃貸料の額、内外装の状況等各種の要素を総合勘案して判定します。なお、床面積が 240 m² 以下のものであっても、一般に貸与されている住宅等に設置されていないプール等の設備や役員個人の嗜好を著しく反映した設備等を有するものについては、いわゆる豪華社宅に該当することとなります。

（1）賃貸料相当額の計算

①　役員に貸与する社宅が「小規模な住宅」である場合

次の(i)から(ⅲ)までの合計額が賃貸料相当額になります。

(ⅰ)　（その年度の建物の固定資産税の課税標準額）×0.2 ％

(ⅱ)　12 円×（その建物の総床面積／3.3 m²）

(ⅲ)　（その年度の敷地の固定資産税の課税標準額）×0.22 ％

②　役員に貸与する社宅が「小規模な住宅」でない場合

役員に貸与する社宅が小規模住宅に該当しない場合には、その社宅が自社所有の社宅か、他から借り受けた住宅等を役員へ貸与しているのかで、賃貸料相当額の算出方法が異なります。本件の事案は自社所有の建物を社宅として利用するケースになりますので（ⅰ）により計算を行うことになります。

（ⅰ）自社所有の社宅の場合

次の(a)と(b)の合計額の 12 分の 1 が賃貸料相当額になります。

(a)　（その年度の建物の固定資産税の課税標準額）×12 ％

ただし、法定耐用年数が 30 年を超える建物の場合には 12 ％ではなく、10 ％を乗じます。

(b)　（その年度の敷地の固定資産税の課税標準額）×6 ％

（ⅱ）他から借り受けた住宅等を貸与する場合

会社が家主に支払う家賃の 50 ％の金額と、上記（ⅰ）で算出した賃貸料相当額とのいずれか多い金額が賃貸料相当額になります。

③　計算における留意点

（ⅰ）共用部分の取扱い

所得税基本通達 36-40（役員に貸与した住宅等に係る通常の賃貸料の額の計算）

及び同通達36-41（小規模住宅等に係る通常の賃貸料の額の計算）に定める「固定資産税の課税標準額」の計算や、「小規模住宅等」に該当するかどうかの判定は、共用部分を含めて計算します。

（ⅱ）管理費の取扱い

マンション等を社宅として貸与する場合、そのマンションには、管理費等（エレベーター保守料、火災報知機保守料、共用部分電気料・火災保険料等）がかかるケースがあります。このような管理費等については、強いて個人的費用を使用者が負担したものとして取り扱う必要はなく、上記の「通常の賃貸料の額」を計算して差し支えないと考えられています。

（ⅲ）建物・土地の一部を社宅とする場合の計算

社宅として貸与した家屋が1棟の建物の一部である場合又はその貸与した敷地が1筆の土地の一部である場合のように、固定資産税の課税標準額がその貸与した家屋又は敷地以外の部分を含めて決定されている場合には、その課税標準額（上記**(1)**①小規模な住宅として計算する場合にあっては、当該課税標準額及び当該建物の全部の床面積）を基として求めた通常の賃貸料の額をその建物又は土地の状況に応じて合理的に按分するなどにより、その貸与した家屋又は敷地に対応する通常の賃貸料の額を計算することになります。

（ⅳ）固定資産税の課税標準額が改訂された場合

その改訂後の課税標準額に係る固定資産税の第1期の納期限の属する月の翌月分から、その改訂後の課税標準額を基として計算することになります。

（ⅴ）新築住宅の場合

その住宅等が年の中途で新築された家屋のように固定資産税の課税標準額が定められていないものである場合には、当該住宅等と状況の類似する住宅等に係る固定資産税の課税標準額に比準する価額を基として計算することになります。

（ⅵ）月の中途から入居した場合

その住宅等が月の中途で役員の居住の用に供されたものである場合には、その居住の用に供された日の属する月の翌月分から、役員に対して貸与した住宅等として

の通常の賃貸料の額を計算することになります。

（ⅶ）社宅に係る通常の賃貸料の額を計算する場合の固定資産税の課税標準額

固定資産税の課税標準額は、賦課期日（1月1日）における固定資産の価格として固定資産課税台帳に登録されているものをいいます。

役員又は使用人に社宅を貸与した場合には、家屋又は敷地の固定資産税の課税標準額を基礎として、通常の賃貸料の額を計算することとされていますが、この固定資産税の課税標準額は、地方税法の規定により、原則として固定資産課税台帳に登録された価格によるものとされています。

なお、土地と家屋については、税負担の安定と行政事務の簡素化を図るという観点から、原則として3年ごとにその評価の見直しを行って価格を決めることとされています。

（注）　固定資産税の課税標準額が改訂された場合には、原則として「通常の賃貸料の額」を計算し直すこととなりますが、使用人に貸与された社宅については、その課税標準額の改訂幅が20％以内であれば再計算をする必要はないこととされています。

10 土地の無償返還に関する届出書がある場合の不動産の売却

Q （オーナー社長からの相談）

会社の店舗用の不動産（土地・建物）について、土地部分はオーナー社長である私が所有しており、建物は会社が所有しています。私と会社の間の土地の賃貸借に関しては、権利金の授受はせず、「土地の無償返還に関する届出書」を税務署に提出し、地代については固定資産税の3倍相当額を支払っています。今回、この店舗用建物の不動産（土地・建物）を1億円ほどで売却することを予定していますが、売却収入の配分は土地（私、個人）と建物（会社）でどのように分ければよいのでしょうか？

A

借地人である会社には借地借家法上の借地権は認められていますが、税務上は「土地の無償返還に関する届出書」を提出していますので、借地人の借地権の価額は税務上はなしということになります。したがって、売却収入のうち土地部分については全て地主であるオーナー社長への配分となり、建物部分の収入のみ法人への配分となります。

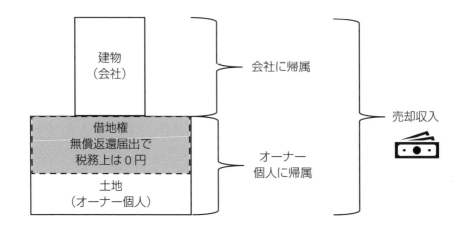

第5章 **4** **(1)** でも解説したとおり、借地権設定において、土地の無償返還に関する届出書が提出されている場合には、借地人側では権利金の認定課税が行われず、税務上の借地権の価額はゼロとして取り扱うことになります。借地権ゼロであるにもかかわらず、借地権の対価を収受してしまうような場合には、本来、対価を受け取るべきは地主となりますので、借地人側では受贈益等の課税関係が生じることが考えられます。

　また、相当の地代の授受をすることにより権利金の認定課税を受けていない場合にも同様の取扱いとなります（土地の価額の上昇等に応じて相当の地代の額を改定している場合に限ります）。

11 不動産買換えに当たっての消費税の取扱い

Q （オーナー社長からの相談）

会社所有の店舗用建物とその敷地を売却して、郊外に賃貸用マンション1棟を購入する予定です。売却と購入に当たり消費税の取扱いで注意すべき事項を教えてください

A

売却につき、土地については非課税売上、建物については課税売上になりますが、売買契約において、土地の対価と建物の対価が合理的に区分されているかどうかがポイントになります。

また、高額な土地を売った場合には、一時的に非課税売上が多額となることにより課税売上割合が低下し、仕入税額控除の計算に影響することが考えられます。このような場合には、「課税売上割合に準ずる割合の適用承認申請書」を提出することにより、直前課税期間や過去3年間の平均に基づく課税売上割合による仕入税額控除の計算を行うことも可能です。

賃貸用マンションの購入については、令和2年度の税制改正で大きな改正が行われており、一定の居住用賃貸用マンションの購入は仕入税額控除の対象となりません。

（1）土地付き建物を一括譲渡する場合の消費税の課税標準

土地とその土地上の建物を同一の者に対して一括して譲渡した場合、土地部分の譲渡は非課税売上となり、建物部分の譲渡は課税売上となります。

この場合、実務上問題になりやすいのが、譲渡対価のうち、土地売上（非課税売

上）と建物売上（課税売上）の区分になります。売買契約書において、土地と建物の価額の区分がされており、その区分が合理的である場合には、その区分した価額がそれぞれの譲渡対価の額となります。しかし、その区分が合理的でない場合には、それぞれの資産の時価の比によって按分することとされています（消令45条③、消基通 10-1-5）。按分方法としては主に下記のようなものが例示されています（国税庁タックスアンサーNo. 6301（課税標準））。

① 譲渡時における土地及び建物のそれぞれの時価の比率による按分

② 相続税評価額や固定資産税評価額を基にした按分

③ 土地、建物の原価（取得費、造成費、一般管理費・販売費、支払利子等を含みます）を基にした按分

また、売買に当たっては未経過の固定資産税の精算を行うことになるケースがほとんどと思われますが、受領した未経過の固定資産税精算金は資産の譲渡等の対価の額に含まれて、消費税の課税対象となります。土地部分の固定資産税精算金は土地の譲渡対価として非課税売上に、建物部分の固定資産税精算金は建物の譲渡対価として課税売上として取り扱います（消基通 10-1-6）。

（2）たまたま土地の譲渡があった場合の課税売上割合に準ずる割合の承認

土地の譲渡は非課税とされており、その譲渡対価は課税売上割合の計算上、資産の譲渡等の対価に含まれますが、土地の譲渡に伴う課税仕入の額はその譲渡金額に比し一般的に少額であることから、課税売上割合を適用して仕入に係る消費税額を計算した場合には、事業の実態を反映しないことがあります。

そこで、土地の譲渡が単発のものであり、かつ、当該土地の譲渡がなかったとした場合には、事業の実態に変動がないと認められる場合に限り、消費税課税売上割合に準ずる割合の適用承認申請書を提出し承認を受けることで、下記の方法による課税売上割合に準ずる割合による仕入税額控除の計算が認められています。

① 課税売上割合に準ずる割合の計算

次の(i)又は(ii)のいずれか低い割合が採用できます。また、適用要件における、土地の譲渡がなかったとした場合に、事業の実態に変動がないと認められる場合とは、事業者の営業の実態に変動がなく、かつ、過去3年間で最も高い課税売上割合と最も低い課税売上割合の差が5％以内である場合とされています。

(i) 当該土地の譲渡があった課税期間の前3年に含まれる課税期間の通算課税売上割合

(ii) 当該土地の譲渡があった課税期間の前課税期間の課税売上割合

② 課税売上割合に準ずる割合の適用承認申請書の提出

課税売上割合に準ずる割合の適用を受ける場合、納税地の所轄税務署長の承認を受けた日の属する課税期間から適用されます。

なお、適用を受けようとする課税期間の末日までに承認申請書を提出し、同日の翌日以後1月を経過する日までに納税地の所轄税務署長の承認を受けた場合、当該承認申請書を提出した日の属する課税期間から適用されます。

(3) 居住用賃貸マンションの取得等に係る仕入税額控除の制限

居住用賃貸マンションの取得等に係る消費税の仕入税額控除については、非課税売上対応の課税仕入に該当することや、課税売上割合に著しく変動があった場合の調整対象固定資産の仕入税額控除の調整規定により、仕入税額控除が制限されることが前提となっていました。しかし、仕入税額控除をとるために、課税売上を意図的に作り出す行為や、消費税の計算や制度の仕組みを巧みに利用した行為が横行する中で、頻繁に税制改正が行われてきました。

令和2年度税制改正により、一定の居住用賃貸マンションの取得に係る消費税額は原則仕入税額控除の対象とならないこととされています。

① 仕入れ税額控除の適用除外

　住宅の貸付けの用に供しないことが明らかな建物以外の建物で、高額特定資産又は調整対象自己建設高額特定資産に該当するものの課税仕入については、仕入税額控除の対象となりません。

② 住宅の貸付けの用に供しないことが明らかな建物

　住宅の貸付けの用に供しないことが明らかな建物とは、建物の構造及び設備の状況その他の状況により住宅の貸付けの用に供しないことが客観的に明らかなものをいいます。消費税法基本通達 11-7-1 において下記のようなケースが例示されています。

　㈠　建物の全てが店舗等の事業用施設である建物など、建物の設備等の状況により住宅の貸付けの用に供しないことが明らかな建物

　㈡　旅館又はホテルなど、旅館業法 2 条 1 項（定義）に規定する旅館業に係る施設の貸付けに供することが明らかな建物

　㈢　棚卸資産として取得した建物であって、所有している間、住宅の貸付けの用に供しないことが明らかなもの

消費税法 30 条（仕入れに係る消費税額の控除）

10　第 1 項の規定は、事業者が国内において行う別表第一第 13 号に掲げる住宅の貸付けの用に供しないことが明らかな建物（その附属設備を含む。以下この項において同じ。）以外の建物（第 12 条の 4 第 1 項に規定する高額特定資産又は同条第 2 項に規定する調整対象自己建設高額資産に該当するものに限る。第 35 条の 2 において「居住用賃貸建物」という。）に係る課税仕入れ等の税額については、適用しない。

---

③ 調整期間中に居住用賃貸建物を課税賃貸用に供した場合又は譲渡した場合

　①により、居住用賃貸建物の取得等に係る仕入税額控除の制限の規定の適用を受けた「居住用賃貸建物」について、取得後、調整期間中に住宅以外の貸付けの用に供した場合や建物を譲渡した場合については、仕入税額控除の調整計算を行います。

（ⅰ）調整期間中に居住用賃貸建物を課税賃貸用に供した場合

　居住用賃貸不動産の仕入の日の属する課税期間の初日以後3年を経過する日の属する課税期間（以下「第3年度の課税期間」といいます）の末日において、その居住用賃貸不動産を有しており、かつ、その居住用賃貸不動産の全部又は一部をその居住用賃貸建物の仕入等の日から第3年度の課税期間の末日までの間（以下「調整期間」といいます）に課税賃貸用に供したときは、次の計算式で計算した金額を第3年度の課税期間の仕入税額控除額に加算します。

> 居住用賃貸建物に係る課税仕入等の税額×課税賃貸割合(※)
>
> （※）　課税賃貸割合
> $$\frac{分母のうち課税賃貸用に供したものに係る金額}{調整期間に行った居住用賃貸建物の貸付対価の額の合計額}$$

（ⅱ）調整期間中に譲渡した場合

　居住用賃貸不動産の全部又は一部を調整期間中において譲渡した場合には、居住用賃貸建物の仕入等の日からその譲渡した日までの期間（以下、「課税譲渡等調整期間」といいます）を対象として、次の計算式で計算した消費税額を譲渡日の属する課税期間の仕入税額控除額に加算します。

居住用賃貸建物に係る課税仕入れ等の税額×課税譲渡等割合(※)

（※）　課税譲渡等割合

$$\frac{C+B}{A+B}$$

A：課税譲渡等調整期間中に行った居住用賃貸建物の貸付け対価の額の合計額（一
　　部を譲渡した場合には、その譲渡した部分）

B：居住用賃貸建物の譲渡対価の額

C：Aのうち課税賃貸用の対価の額の合計額

第 **4** 章

不動産賃貸会社の
株式承継における留意点

　「本業から不動産賃貸業への転換」や「本業と不動産賃貸業の分離」、「個人所有不動産の法人化」においては、資産承継の観点から見れば、いずれのケースにおいても、不動産の現物の承継ではなく、不動産を所有する会社の株式を承継することになります。したがって株価算定・株式承継対策が重要なポイントとなりますが、不動産賃貸会社の株価算定や株式承継については、一般の会社に比べ留意すべき事項が多くあります。

　本章では、このような不動産賃貸会社の株価算定や株式承継に伴う税務上の留意点について見ていきたいと思います。

1 株価算定の留意点① 土地保有特定会社

Q （オーナー社長からの相談）

　不動産賃貸会社への転業を行いました。今後はこの会社の株式を子供に承継させていく予定です。会社の株価算定を顧問の税理士へ依頼する予定ですが、不動産賃貸業となったことで株価算定上留意すべき事項はありますか。

A

　不動産賃貸業を主に営む会社は株価算定上、特定の評価会社のうち「土地保有特定会社」へ該当する可能性が高くなります。土地保有特定会社に該当すると、類似業種比準価額を使えず、純資産価額100％での評価となります。本業を行っていたときに比べ株価が高騰する可能性がありますので留意する必要があります。

（1）土地保有特定会社について

　土地保有特定会社とは、評価会社の相続税評価による総資産の価額のうちに相続税評価による土地等の価額の占める割合が、会社規模ごとに次の表の割合に該当する会社をいいます。土地保有特定会社に該当すると100％純資産価額評価となるため、類似業種比準価額は使えないことになります。純資産価額が高い会社は、株価が高騰する可能性があります。

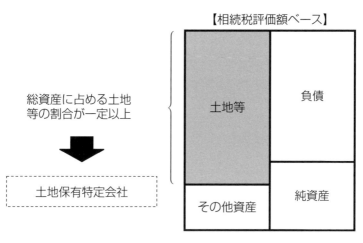

会社規模	土地等の保有割合		
大会社	70％以上		
中会社	90％以上		
小会社	大会社の総資産基準に該当するもの	卸売業：20億円以上 卸売業以外：15億円以上	70％以上
	中会社の総資産基準に該当するもの	卸売業：7,000万円以上20億円未満 小売・サービス業：4,000万円以上15億円未満 上記以外：5,000万円以上15億円未満	90％以上

（2）土地等の範囲

　土地保有特定会社の判定における土地等の範囲については、下記のとおりとなります。

①　土地等は土地及び土地の上に存する権利をいいます。建物、建物付属設備、構築物は入りません。

　　　土地：宅地、田・畑、山林、原野、雑種地等

　　　土地の上に存する権利：地上権・永小作権、借地権、耕作権、賃借権等

②　不動産販売会社が棚卸資産として保有する土地等も判定に含めます。この場

合の土地等の評価は財産評価基本通達4-2（不動産のうちたな卸資産に該当するものの評価）の定めにより財産評価基本通達132（評価単位）及び財産評価基本通達133（たな卸商品等の評価）により評価を行います。

③　不動産投資信託の受益証券・投資口は土地等に含まれません。

（3）土地保有特定会社外し

　評価会社の保有資産に占める「土地等」の割合を薄めて、会社株価の評価方式を原則評価に戻す対策が行われることがあります。例えば、借入金により「土地等」以外の資産を増やせば、簡単に土地保有特定会社を外すことができてしまいます。課税庁側もこのような対策がなされることは想定しており、これを防止するために、財産評価基本通達189の本文なお書きにおいても、課税時期前において合理的な理由のない資産変動が行われて、その行為が土地保有特定会社に該当することを免れるものと認められるときには、その資産変動はなかったものとして土地保有特定会社の判定を行うとされています。

　経済合理性のない資産移動・組替えについては土地保有特定会社外しのための行為と認定される可能性があります。特に相続・贈与等の課税時期に近い場合には注意する必要があります。

財産評価基本通達189（特定の評価会社の株式）※なお書き

　なお、評価会社が、株式等保有特定会社の株式又は土地保有特定会社の株式に該当する評価会社かどうかを判定する場合において、**課税時期前において合理的な理由もなく評価会社の資産構成に変動があり、その変動が株式等保有特定会社の株式又は土地保有特定会社の株式に該当する評価会社と判定されることを免れるためのものと認められるときは、その変動はなかったものとして当該判定を行うものとする。**

（強調・筆者）

---

2 株価算定の留意点②
取得後3年以内不動産の純資産価額評価

Q （オーナー社長からの相談）

　不動産の法人化のために、個人所有の不動産を私が100％出資する不動産管理会社へ時価で譲渡しました。この不動産管理会社の株式は、子供へ贈与していく予定ですが、株価算定における留意点はありますか？

A

　取引相場のない株式の評価における純資産価額の算定において、評価対象会社が保有する資産に、課税時期前3年以内に取得又は新築した土地等又は家屋等があるときは「通常の取引価額」に相当する金額によって評価を行うことになります。この場合の「取得」には、売買による取得だけでなく、交換・買換え・現物出資・合併等によって取得する場合も含みます。

（1）純資産価額算定における課税時期前3年以内に取得した土地等・家屋等の評価額

　1株当たりの純資産価額（相続税評価額）の計算に当たっては、評価会社が課税時期前3年以内に取得又は新築した土地等や家屋の価額は、路線価や固定資産税評価額を基礎にした通常の評価ではなく、これらの各資産の課税時期における通常の取引価額に相当する金額によって評価します。

　ただし、実務上の簡便性の観点から、その土地等や家屋等の帳簿価額が課税時期における「通常の取引価額」に該当すると認められるときには、帳簿価額に相当する金額によって評価することができるものとされています。実務上はこの帳簿価額

（取得価額）で評価しているケースが多いと思われます。

　その土地等や家屋等が「たな卸資産」に該当する場合には、課税時期前 3 年以内に取得等したものであっても、たな卸資産の評価を行います。

財産評価基本通達 185　該当箇所抜粋

　評価会社が課税時期前 3 年以内に取得又は新築した土地及び土地の上に存する権利（以下「土地等」という。）並びに家屋及びその附属設備又は構築物（以下「家屋等」という。）の価額は、課税時期における通常の取引価額に相当する金額によって評価するものとし、当該土地等又は当該家屋等に係る帳簿価額が課税時期における通常の取引価額に相当すると認められる場合には、当該帳簿価額に相当する金額によって評価することができるものとする。

（2）「取得又は新築」の範囲

　「取得又は新築」とは、通常の売買により取得する場合だけでなく、交換・買換え・現物出資・合併等、主に下記に記載するような場合も含まれます。買換え特例や合併・分割の組織再編を行った場合に、この 3 年以内取得の論点を失念してミスリードをしているケースも散見されますので、十分留意する必要があります。

①　課税時期前 3 年以内に通常の売買や新築・増築により取得された土地等又は家屋等

②　収用等に伴う代替資産の特例を適用して取得した土地等又は家屋等

③　特定の事業用資産の買換え又は交換の特例を適用して取得等をした土地等又は家屋等

④　特定の交換分合より取得した家屋等

⑤　交換の特例の適用を受けて交換取得した土地等又は家屋等

⑥　家屋の増築及び旧家屋等の取壊し又は除却に伴い生じた発生資材の一部を使用している家屋等の建築

⑦　代物弁済や合併・吸収分割・事業譲受けにより取得した土地等又は家屋等

(3) 課税時期前3年以内に取得した土地等・家屋等が貸家・貸家建付地の場合

　上記 **(1)** のとおり、課税時期前3年以内に取得した土地等・家屋等は通常の取引価額に相当する金額によって評価し、帳簿価額が課税時期における「通常の取引価額」に該当すると認められるときには、帳簿価額に相当する金額によって評価するものとされています。

　しかし、土地・家屋の取得後、家屋を賃貸の用に供した場合には、取得時の利用区分（自用家屋・自用地）と課税時期の利用区分（貸家・貸家建付地）が異なります。この場合の貸家及び貸家建付地の評価額については、貸家及び貸家建付地が自用の家屋及び自用地であるとした場合の課税時期における通常の取引価額を算定し、その価額について貸家・貸家建付地の減額を行い評価することが認められています。

(4) 課税時期前3年以内に取得した土地等・家屋等の「取得の日」

　課税時期前3年以内に取得をした土地等又は家屋等は、「通常の取引価額」によって評価することになっていますが、この取得の日については、主に下記のとおりと考えられます。

　実務上、誤りやすいケースとしては、土地を購入し、その土地上に家屋等を建設した場合です。この場合、両者の取得の日は相違することになります。先に引渡しを受けた土地とその後に引渡しを受けた家屋等で、課税時期前3年以内の判定がずれることになりますので注意が必要です。

①　他から取得したもの：原則としてこれらの資産の引渡しを受けた日
②　自ら建設又は製作したもの：その建設又は製作が完了した日

③　他に請け負わせて建設又は製作したもの：その建物等の引渡しを受けた日

④　合併等により取得したもの：各組織再編の効力の発生日

> **引渡しの判断**
>
> 〈土地等〉
>
> 　売買契約を締結し、その後、売買代金の金額の決済を経て、所有権移転登記に必要な書類等を交付し、引渡しがなされます。
>
> 〈家屋等〉
>
> 　建築に関する請負契約を締結し、工事の着工がなされ、完成後、引渡しがなされます。

(5) 課税時期前3年以内に建物に増築をしている場合

　課税時期前3年以内に建物等の増築があった場合には、新築と同様にその部分の新たな取得として通常の取引価額によって評価します。

　実際の評価については、旧建物部分については、固定資産税評価額に基づいて評価を行い、増築部分については、通常の取引価額に基づいて評価します。

　この場合でも、その帳簿価額が課税時期における通常の取引価額に相当すると認められる場合には、その帳簿価額に相当する金額によって評価を行います。

3 株価算定の留意点③ 建築中の家屋がある場合

Q （オーナー社長の子からの相談）

今般、父に相続が発生しました。相続財産の中には、父が経営していた不動産管理会社の株式も含まれています。この不動産管理会社では、住宅会社からの勧めもあり、会社の資産運用の一環として賃貸用マンションの建築をはじめたばかりでした。3億円の請負契約であり、相続開始前に着手金として20％（6,000万円）を既に支払済みで、工事の進捗率は10％程です。この不動産管理会社の相続税評価に当たり、この建築中の家屋の評価はどのように行えばよいでしょうか。

A

自家建設の場合と同様に、請負契約に係る建築中の家屋も、財産評価基本通達91により費用現価の70％で評価すべきものとされています。相談内容の条件に当てはめると、下記の評価額となるものと考えます。

〈建築中の家屋〉

300,000,000円（建築代金の総額）×10％（工事進捗率）×70％＝21,000,000円

〈前払金〉

60,000,000円（着手金）＞30,000,000円（費用現価）

∴　60,000,000円－30,000,000円＝30,000,000

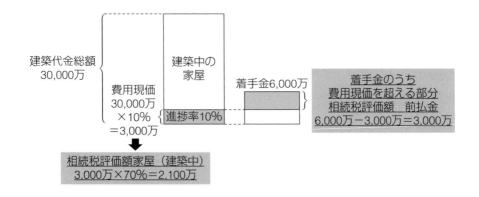

（1）建築中の家屋の評価

　課税時期において現に建築中の家屋の価額は、その家屋の費用現価の70％相当額で評価するものとされています。

　費用現価とは課税時期までに投下された建築費用の額を、課税時期の価額に引き直した額の合計額をいいます。具体的には、家屋の建築代金の総額に工事の進捗率を乗じて算出します。また、建築中の家屋はまだ未完成であることから、評価の安全性を考慮して70％を乗ずることにより完成物との評価のバランスをとっています。

　自ら建設した場合だけでなく、請負契約による建築についても、これを注文者のものとみなして、自ら建設した場合と同様に評価して差し支えないとされています。

建築中の家屋の評価＝費用現価（建築代金の総額×工事進捗率）×70％

財産評価基本通達91（建築中の家屋の評価）
　課税時期において現に建築中の家屋の価額は、その家屋の費用現価の100分の70に相当する金額によって評価する。

（2）費用現価と支払代金とに差額がある場合

　費用現価と支払代金とに差額がある場合には、支払代金の方が多ければ前払金として財産に加算し、費用現価の方が多ければ未払金として債務に計上します。

（3）貸家を建て替える場合

　評価会社が貸家の用に供していた家屋（社宅を除きます）を建て替える場合に、次のような状況にあり、旧家屋に対して有していた借家人の借家権が新家屋に引き継がれていると認められるときには、引き続き貸家の用に供されているものとして、その建設中の家屋とその敷地は、貸家及び貸家建付地として評価して差し支えないものとされています。

① 　旧家屋の借家人が引き続いて新家屋に入居する契約となること

② 　旧家屋の借家人に対して買主である家主から立退料等の支払がないこと

③ 　家屋の建替期間中は、貸主である評価会社の責任において一時的な仮住居を保証していること

株価算定の留意点④ 業種目の変更による類似業種比準価額算定への影響

Q （オーナー社長からの相談）

　私の会社（3月決算法人）は長年、資材の卸売業を営んでいましたが、後継者不在と私の健康上の問題もあり、前期末（×3年3月末）に資材卸売業を廃業しました。ただし、従来から自社所有の本社建物の一部を他社に賃貸していましたので、会社の解散はせずに、今後はこの残った建物を活かして不動産賃貸業に転業をしていきたいと考えています。

　この会社の株式は私の一人息子に承継したいと考えています。息子への株式の贈与のタイミングを検討していますが、直前期である×3年3月期は廃業に伴う従業員への退職金支給や事業用資産の除却損・売却損等もあり、大幅な赤字決算となっています。類似業種比準価額が大幅に下がる見込みのため、今期中に贈与を行いたいと考えています。

　ただ、株価算定に当たっては、直前期末の会社規模の判定や類似業種比準価額の業種目の判定を行うことになりますが、株価算定を行う現時点では「不動産賃貸業」であり、前期末以前の「資材卸売業」と業種目が全く違います。会社規模判定や類似業種比準価額算定で使う数値は前期末以前の数値を使うことが定められていますので、現時点の実態をあらわしているようには思えません。このような場合、どのように株価算定を行えばよいのでしょうか。

A

　現行の取引相場のない株式の評価においては、このような状況にある会社の株式の評価方法について、具体的な取扱いは明示されていません。会社規模や主たる業種に大きな変化があり、類似業種比準価額方式の適用上の限界があると認められる

場合には、課税時期の直前に合併した場合の取扱いと同様に、課税時期における1株当たりの純資産価額（相続税評価額によって計算した金額）によって評価するのが合理的だとする見解があります。

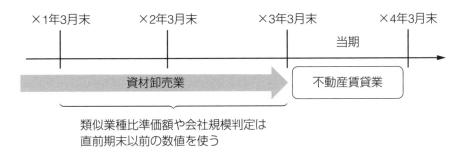

（1）事業実態の大幅な変更がある場合の類似業種比準価額の適用の問題性

　取引相場のない株式の算定において、会社規模区分の判定は、評価対象会社を「卸売業」、「小売・サービス業」又は「卸売業、小売・サービス業以外」の3つの業種に分類した上で、直前期末以前1年間における従業員数、直前期末における総資産価額、直前期末以前1年間における取引金額の3つの要素を基に判定を行いますが、全て直前期末以前の数値が基本となります。

　また、類似業種比準価額の算定においても、評価会社を類似業種比準価額計算上の業種目ごとに分類し、算定の要素となる「1株当たりの配当金額」は、直前期末以前2年間におけるその会社の剰余金の配当金額に基づくものであり、「1株当たりの利益金額」は、直前期末以前1年間のもの若しくは直前期末以前2年間平均のものを用い、「1株当たりの純資産価額（帳簿価額によって計算した金額）」は、直前期末における資本金等の額及び利益積立金額に相当する金額の合計額を用いることから、こちらも直前期末以前の数値が基本となります。

　本相談のように、事業実態の大幅な変更という特殊な状況にある場合には、課税

時期と類似業種比準価額算定の基礎となる直前期末以前との間で、比較する上での前提となる業種目がずれてしまうことになり、合理的な類似業種比準価額の算定ができないことになります。

（2）合併等の直後の類似業種比準価額計算

（1）のような状況は、課税時期の直前に合併等した場合でも同様の状況が起こるため、実務上もこの論点がよく問題となります。合併等を行った直後の株価算定について、国税当局から公式的な見解は出ていませんが、国税関係者の執筆雑誌等や東京国税局資産税審理研修資料から一部取扱いについての見解が示されており、実務上は参考にされています。

基本的に合併直後の類似業種比準価額計算は直ちに適用することができないとしながらも、個々の事例ごとの判断が必要ではありますが、合併前後において会社の実態に変化がないと認められ、合併法人と被合併法人の比準要素を合算することで合理的な数値を得ることができる場合には、その合算後の比準要素を使って類似業種比準価額の算定ができるとされています（「合算方式」等といわれています）。

ただし、これは合併のように、元々2つあった会社が1つになった場合のようなケースであり、本件のような1つの会社で大きな事業内容の変更があった場合に応用できるような話ではありません。したがって、類似業種比準価額を合理的に適用できる状況でない場合には純資産価額（相続税評価額）で算定することになるものと考えられます。

5 不動産賃貸会社と事業承継税制
（資産保有型会社・資産運用型会社）

Q （オーナー社長からの相談）

　本業は数年前に廃業しましたが、会社の解散・清算結了はせずに、残った会社保有の不動産を活用して不動産賃貸業への転業を行いました。不動産の立地も良く、家賃収入は安定して得ており、また、昔に本業で得た利益剰余金も相応に残っており、転業後も会社の株価は高い状況にあります。この会社の株式は、私の一人娘に承継させることを予定していますが、先日顧問税理士に株価算定と贈与税額試算を依頼したところ、かなり高額の試算結果が出て驚いています。

　以前に新聞等で、平成30年から事業承継税制の特例制度がスタートし、後継者へ承継する株式に係る贈与税・相続税のほぼ100％が納税猶予できると聞きました。是非この特例制度を使って、娘への株式承継を行いたいのですが、私の会社でも適用ができるのでしょうか？

A

　不動産賃貸会社で事業承継税制の適用を受ける場合には、資産保有型会社・資産運用型会社の形式要件に該当してしまうケースが多いと思われます。事業実態要件を満たすことで適用を受けることも可能ですが、個人の資産管理としての不動産管理会社で、常時使用する従業員数5人以上（後継者とその生計一親族を除く）の要件を満たすことのハードルは高いと思われますので、事業承継税制の適用を受けることは非常に厳しいといえます。

　仮に適用時だけこの要件を充足できても、資産保有型会社・資産運用型会社に該当しないことの要件は事業承継税制で納税猶予を受け続ける限りずっと必要になりますので、適用後の要件の充足も困難なケースが多いと思われます。

（1）資産保有型会社・資産運用型会社（形式要件）

①　形式要件

　資産保有型会社・資産運用型会社の形式要件は下記の表のとおりとなります。判定は税務上の簿価ではなく、会計上の簿価で判定を行います。

資産保有型会社	資産運用型会社
直前の事業年度以後下記の割合が **70％以上**の会社 $$\dfrac{\text{特定資産の帳簿価額の総額}^{(※)}}{\text{資産の帳簿価額の総額}^{(※)}}$$	直前の事業年度以後下記の割合が **75％以上**の会社 $$\dfrac{\text{特定資産の運用収入の合計額}^{(※)}}{\text{総収入金額}^{(※)}}$$
（※）　過去5年間に後継者及び同族関係者に対して支払われた配当や過大役員給与がある場合には、その金額をそれぞれ加算する。	

②　特定資産の範囲

　主なものは下記の表のとおりとなります。子会社株式はその子会社自身が資産保有型会社、資産運用型会社に該当しない場合（事業実態要件により該当しなくなる場合も含む）には特定資産に該当しませんので、いわゆる持株会社だからといって、資産保有型会社・資産運用型会社に該当するわけではありません。

　一方、自ら使用していない不動産（遊休不動産・販売用不動産・賃貸用不動産・社宅（役員用のみ該当））は該当することになりますので、不動産賃貸業を主に行っている会社は、この特定資産の保有割合が高くなり、資産保有型会社・資産運用型会社に該当する可能性が高くなります。また、現金預金や同族関係者への貸付金債権・ゴルフ会員権等も該当しますので注意が必要です。

特定資産の種類	主な留意点
有価証券	資産保有型子会社又は資産運用型子会社に該当しない特別子会社の株式又は持分は除かれます。 （※）　この特別子会社が資産管理会社に該当するかどうかの判定においては、その特別子会社の有する特別子会社は特定資産に該当しないこととされています。
不動産	自ら使用していないもの（遊休不動産、販売用不動産、賃貸用不動産、役員用社宅など） （※）　自らの事務所として使用している不動産、従業員用社宅などは特定資産に該当しません。
現金・預貯金その他これらに類するもの	保険積立金等は含まれることになります。
貸付金・未収金その他これらに類するもの	後継者及び後継者と特別の関係のある者（外国法人も含む）に対するもの
絵画、彫刻、工芸品その他の有形の文化的所産である動産、貴金属及び宝石	会社の事業の用に供することを目的としないで有するもの（接待用で所有している場合等） （※）　販売業者が販売用として所有している場合は該当しません。
ゴルフ場その他の施設の利用に関する権利	

（i）不動産の範囲

　不動産とは以下のようなものをいいます（船舶や航空機は不動産に該当しないとされています）。

　(a)　土地（土地の上に存する権利を含みます）

　(b)　建物及びその附属設備（当該建物と一体として利用されると認められるものに限ります）

　(c)　構築物（建物と同一視し得るものに限ります）

（ii）現に自ら使用していない不動産

　対象法人が所有している不動産のうち、現に自ら使用していないものです。遊休不動産（遊休地に太陽光発電設備を設置しているもの等を含みます）が典型例ですが、販売用として保有する不動産（仕掛中の未成工事支出金等を含みます）や第三

者に賃貸している不動産や駐車場についてもこれに該当するので、対象法人が自らの事務所や工場として使用している不動産以外のもの全てが該当することになります。

　また、従業員用社宅は「自己使用」に、役員用住宅は「第三者に賃貸」に該当します。1棟の建物のうちに現に自ら使用する部分とそれ以外の部分とがある場合には、1棟の建物の価額を床面積割合その他合理的と認められる割合により按分した価額をもってそれぞれの部分の価額を認識することになります。

(2) 事業実態要件

　下記の事業実態要件の全てを満たす場合には、資産保有型会社又は資産運用型会社とならないものとされます（事業承継税制の適用対象となります）。

　不動産賃貸業の場合は、上記 **(1)** の形式要件に該当してしまうケースが多いと思われますので、この事業実態要件を満たすことで、事業承継税制の適用が可能です。ただし、個人の資産管理会社ほどの規模であれば、下記②の常時使用する従業員（後継者及び生計一親族以外の者）の数5人以上を常時確保することは極めて難しいものと思われます。

①　事業実態要件

- (i)　贈与又は相続のときまで3年以上継続して商品の販売等（商品の販売・貸付け（同族関係者に対する貸付けを除く）又は役務の提供で継続して対価を得て行われるもの）の行為をしていること
- (ii)　常時使用する従業員（後継者及び生計一親族以外の者）の数が5人以上であること
- (iii)　事務所・店舗・工場などの固定施設を所有するか、賃借していること

② 常時使用する従業員

会社の従業員で、年齢ごとに下記の表の要件を満たす者をいいます。

年齢	判定方法
70 歳未満	厚生年金保険法 9 条に規定する被保険者（同法 18 条 1 項の厚生労働大臣の確認があった者に限るものとし、（※）特定短時間労働者を除きます）
70 歳以上 75 歳未満	健康保険法 3 条 1 項に規定する被保険者（同法 39 条 1 項に規定する保険者等の確認があった者に限るものとし、（※）特定短時間労働者を除きます） 船員保険法 2 条 1 項に規定する被保険者
75 歳以上	その会社と 2 か月を超える雇用契約を締結している者で 75 歳以上である者

（※） 特定短時間労働者
　　1 週間又は 1 月間の所定労働日数が同一の事業所に使用される通常の労働者の 1 週間又は 1 月間の所定労働日数の 4 分の 3 未満である短時間労働者をいいます。
（※） 使用人兼務役員
　　常時使用する従業員に含まれます。
（※） 出向先での出向者
　　出向元で社会保険に加入しているため、出向先の常時使用する従業員に該当しません。
（※） 受入派遣社員
　　派遣元で社会保険に加入しているため、派遣先の常時使用する従業員に該当しません。

（3）やむを得ない事由が生じたため一時的に資産保有型・運用型会社に該当してしまった場合

　平成 31 年度の改正により、平成 31 年 4 月以降については、事業活動上生じた偶発的な事由により特定資産の割合が 70 ％以上となる場合や特定資産の運用収入の割合が 75 ％以上となる場合には、一定の期間、資産運用型会社又は資産保有型会社に該当しないものとみなされる改正が入りました。改正前は、一時点でも該当したら打ち切りとなっていましたので、要件緩和となりました。

　ただし、それでも資産保有型会社については、やむを得ない事由が生じた日から 6 か月以内に解消しなければなりませんので、資産保有型会社への該当状況の確認

を怠っていると、気付かないうちに該当し、6か月が経過してしまっていることも十分想定されますので注意が必要です。

① 資産保有型会社の判定上やむを得ない事由に該当する場合

　中小企業者の事業活動のために必要な資金の借入れを行ったこと、事業の用に供していた資産の譲渡又は当該資産について生じた損害に基因した保険金の取得その他租税特別措置法施行規則23条の9第14項に規定する事由が生じたことにより、特定資産の割合が70％以上となった場合には、当該やむを得ない事由が生じた日から同日以後6月を経過する日までの期間は、資産保有型会社に該当しないものとみなされます。

② 資産運用型会社の判定上やむを得ない事由に該当する場合

　中小企業者が事業活動のために特定資産を売却したことその他租税特別措置法施行規則第23条の9第16項に規定する事由が生じたことにより、一の事業年度における総収入額に占める特定資産の運用収入の合計額の割合が75％以上となった場合には、当該やむを得ない事由が生じた日の属する事業年度から当該事業年度了の日の翌日以後6月を経過する日の属する事業年度までの各事業年度は、資産運用型会社に該当しないものとみなされます。

6 種類株式の活用

Q （オーナー社長からの相談）

　私が株式 100 ％を所有し経営している甲社は、都内の一等地に賃貸ビル 1 棟を所有し、不動産賃貸業を行っています。そろそろ、自分の相続を見据えて、この会社の株式の承継について検討をしたいと考えています。

　相続人は自分の子供 3 人（長男、長女、次女）がいます。長男については、現在民間の大手不動産会社に勤務しており、不動産についての知識・経験が豊富にありますので、この会社の運営を任せたいと考えています。長男に会社の株式承継を行いたいと考えていますが、私の財産はこの自社株式以外に目ぼしいものがないため、長女、次女からすると財産の取り分に不満を覚える可能性があります。

　現在、子供 3 人は良好な関係ですので、この株式の配分方法が原因で不仲となるようなことがあってはならないと考えています。3 等分して 3 人に渡すとなると会社経営の意思決定に問題が出る可能性がありますので、会社の意思決定は長男に行ってほしいと考えています。このような状況で考えられる株式承継への対応方法があれば教えてください。

A

　対応方法としては、民事信託や種類株式を活用する方法が考えられます。ここでは種類株式を活用した対応方法について解説します。

　オーナー社長の保有する普通株式の一部を完全無議決権株式に転換しておき、長男には普通株式を、長女と次女には完全無議決権株式を承継させることで、長男に会社の議決権を集中させることができますので、会社運営に関する意思決定の問題

を解消することが可能です。ただし、長女と次女からすると議決権のない株式を承継することに抵抗感を持たれる可能性がありますので、配当優先の無議決権株式とすること等で、バランスをとることも可能です。

　種類株式の発行のためには、定款変更が必要となり、株主総会特別決議（3分の2以上の賛成）が必要です。また、既発行株式の一部を種類株式に変更する際は、原則として全株主の同意が必要とされますので、外部株主等がいると実行が難しいケースがあります。本件についてはオーナー社長の単独100％保有とのことですので、問題なく実行が可能と考えます。

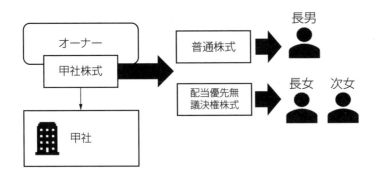

（1）種類株式について（会社法 108 ①）

　会社法 109 条 1 項で、「株式会社は、株主を、その有する株式の内容及び数に応じて、平等に取り扱わなければならない」と規定されるとおり、株式 1 株の権利内容は原則として同じとなります。ただし、平成 18 年 5 月 1 日の会社法の施行により様々な種類株式が発行できることとなりました。株式会社は、内容の異なる 2 以上の種類の株式を発行することもできます。会社法 108 条 1 項で 9 つが列挙されていますが、各項目の概要は下記の表のとおりとなります。

108 条 1 項　種類株式		概要
1 号	剰余金の配当	配当優先株などの剰余金の配当について、配当条件・金額など他の株式と異なる株式
2 号	残余財産分配	残余財産の分配について、他の株式と異なる株式
3 号	議決権制限株式	株主総会において議決権を行使することができる事項が制限された株式
4 号	譲渡制限株式	譲渡による当該種類の株式について、当該株式会社の承認を要する株式
5 号	取得請求権付株式	当該種類の株式について、株主が当該株式会社に対してその取得を請求することができる株式
6 号	取得条項権付株式	当該種類の株式について、当該株式会社が一定の事由が生じたことを条件として、これを取得することができる株式
7 号	全部取得条項付株式	当該種類の株式について、当該株式会社が株主総会の特別決議によって、その全部を取得することができる株式
8 号	拒否権付株式（黄金株）	株主総会において決議すべき事項のうち、当該決議のほか、当該種類の株式の種類株主を構成員とする種類株主総会の決議を必要とする株式
9 号	役員選解任権付株式	当該種類の株式の種類株主を構成員とする種類株主総会において、取締役又は監査役を選任することができる株式

(2) 主な手続き

　種類株式の発行には、種類株式の内容及び発行する数を定款に定めて登記しなければなりません。定款を変更するためには株主総会の特別決議（議決権が行使できる株主の議決権の過半数を有する株主が出席し、出席した株主の議決権の 3 分の 2 以上の賛成を必要とする決議）が必要となります。また、既発行株式の一部を種類株式に転換するためには、全株主の同意が必要となるため、反対すると思われる株主や所在不明株主がいる場合は、事前に株主の整理等が必要となります。

手 続 き	内 容	準備書類
取締役会の開催 （定款変更、総会招集）	種類株式導入の定款変更を決定 臨時株主総会を招集	取締役会議事録
臨時株主総会	種類株式導入の定款変更を承認 （特別決議）	臨時株主総会議事録
種類株式導入に関する株主 の同意	株主全員の合意、同意	変更する株主全員の合意書 他の株主全員の同意書
登記手続き	謄本に「種類株式の内容」が記 載される	登記手続き書類

（3）種類株式の財産評価

　種類株式の評価については、平成19年1月1日以降に相続、遺贈又は贈与により取得した、「配当優先株式」、「無議決権株式」、「社債類似株式」、「拒否権付株式」について、原則的評価方式が適用される同族株主等が取得した場合の評価方法が明示されています。

　なお、これらの種類株式以外の種類株式の評価方法については、依然として明らかとなっていません。

　「配当優先株式」、「無議決権株式」について原則的評価方式により評価する場合は、次のように行います。

①　配当優先株式の評価

　配当について優先・劣後のある株式を発行している会社の株式を類似業種比準方式により評価する場合は、株式の種類ごとにその株式に係る配当金（資本金等の額の減少によるものを除きます。以下同じ）によって評価します。

　つまり、配当優先株式と普通株式を発行している会社の場合は、評価会社の比準要素を配当優先株式と普通株式とのそれぞれで算出し、類似業種比準価額については配当優先株式のものと普通株式のものとの2種類の計算を行うことになります。

なお、純資産価額方式で評価する場合は、配当金の多寡が評価の要素になっていないため、配当優先の有無にかかわらず、通常どおり評価します。

②　無議決権株式の評価

上記①の配当優先株は、類似業種比準価額を株式の種類ごとに評価するという内容でした。一方、無議決権株式の評価は、原則的評価額について調整計算をすることを選択できるという内容になっています。

（ⅰ）無議決権株式の評価の原則

無議決権株式については、原則として議決権の有無を考慮せずに評価します。よって、議決権の有無により評価額に差異は生じません。

（ⅱ）無議決権株式の評価の特例

議決権の有無によって株式の価値に差が生じるのではないかという考え方もあることから、同族株主が無議決権株式（社債類似株式を除きます）を相続又は遺贈により取得した場合において、次の全ての要件を満たすときは、前記①又は原則的評価方式により評価した金額からその5％相当額を控除した金額で評価するとともに、その控除した5％相当額をその相続又は遺贈により同族株主が取得したその会社の議決権株式の価額に加算した金額で評価することもできます。

特例の適用要件

(a)　当該会社の株式について、相続税の法定申告期限までに、遺産分割協議が確定していること

(b)　その相続又は遺贈により、その会社の株式を取得した全ての同族株主から、相続税の法定申告期限までに、この調整計算を行うことについての届出書が所轄税務署長に提出されていること

(c)　その相続税の申告に当たり、評価明細書に、調整計算の算式に基づく無議決権株式及び議決権株式の評価額の算定根拠を適宜の様式に記載し、添付していること

【調整計算】

無議決権株式の評価額（単価）＝A×0.95

議決権のある株式への加算額＝（A×無議決権株式総数$_{(注1)}$×0.05）…… X

$$議決権のある株式の評価額＝\frac{（B×議決権のある株式総数^{(注1)}＋X）}{議決権のある株式総数^{(注1)}}$$

   A　……　調整計算前の無議決権株式の1株当たりの評価額

   B　……　調整計算前の議決権のある株式の1株当たりの評価額

（注1）「株式総数」は、同族株主がその相続又は遺贈により取得したその株式の総数をいいます

　　　　（配当還元方式により評価する株式及び社債類似株式を除きます）

（注2）　A・Bについては、その会社が社債類似株式を発行している場合には、社債類似株式を社債として、議決権株式及び無議決権株式を評価した後の評価額

（参考）無議決権株式を発行している場合の同族株主の判定

　同族株主に該当するか否かの判定は、持株割合ではなく議決権割合により行います。そのため、同族株主グループに属する株主であっても、中心的な同族株主以外の株主で議決権割合が5％未満の役員でない株主等は、無議決権株式の所有の多寡にかかわらず同族株主に該当しないこととなりますので、その株主等が所有する株式は財産評価基本通達188-2（同族株主以外の株主等が取得した株式の評価）により配当還元方式を適用して評価することになります。

第 **5** 章

個人所有不動産の法人化

　個人所有の不動産の法人化については、個人の不動産オーナーの相続対策等の観点から、従来から多く検討が行われており、現在も、不動産会社や金融機関等から多く提案が行われています。メリットばかりに目が行きがちですが、デメリット等検討すべき項目も多くありますので、安易な導入は失敗のもとになります。

　本章においては、この個人所有の不動産の法人化におけるメリット・デメリットについて、基本から見ていきたいと思います。

1　法人化によるメリット

Q　（オーナー社長からの相談）

　私は長年、会社のオーナー経営者として会社経営をしてきましたが、後継者もおらず、また、事業の先行きの不透明さ等もあり、3年前に会社の株式をM&Aにより他社に売却しました。この株式の売却代金と退職金により、私は個人で多額の現金を取得しています。この現金を元手に、資産運用と将来の資産承継対策の観点から、賃貸用の不動産をいくつか購入しています。利回りのいい物件を取得することができ、不動産所得もだいぶ増えてきました。

　ただし、私個人はこれ以上財産を増やす意向はなく、できれば子供たちに分けてあげたいと考えています。何か対策が打てないか検討していたところ、懇意にしている銀行の担当者から、個人所有している不動産の法人化の勧めがありました。税務上のメリット等を教えてください。

A

　個人所有の不動産の法人化は従来から多く行われています。法人化のメリットは状況により様々なものが挙げられますが、不動産から得られる所得が一定以上の水準になると、個人にかかる所得税等の税率より、法人にかかる法人税等の税率の方が低くなりますので、この税率差のメリットが1つ目に挙げられます。

　また、個人で所有している場合、その得られる不動産所得はその個人に貯まり続け、やがて相続の際には、相続財産を構成することになり、相続税が課税されることになります。不動産を法人に移すことにより、不動産から得られる所得は法人に貯まる形になりますので、個人から法人へ所得や財産累積の分散ができます。さらに、その法人から、オーナーの親族（配偶者や子供）へ給与や退職金の支給を行う

ことで、もう一段階の分散を行うこともでき、この場合、給与所得控除や退職所得控除の税制上のメリットを享受できるだけでなく、将来のオーナーの相続発生時に備えた相続税の納税資金の準備にも繋がります。

- -

（1）所得税の税率と法人税の税率の差による有利判定

　個人で賃貸不動産を所有している場合、不動産から得られる所得には所得税がメインで課税されます。所得税は超過累進税率を採用しているため、所得が増えるほど税率が上昇します。不動産以外にも給与所得等の他の所得がある場合には税率は上昇していき、税負担は重くなります。

　一方、法人が所有する場合には、法人税が中心に課税されることになりますが、税率構造は所得税の税率構造に比べ概ねフラットな構成となっており、税率の最高値も所得税に比べ低くなっています。不動産所得が一定以上となると法人税等負担の方が低くなるため、所有不動産の法人化に税務メリットが出てくることになります。

【個人の所得税等の税率】（※）個人事業税も含めた場合

課税所得金額	所得税	住民税	事業税	合計税率
195 万円以下	5 ％			20 ％
195 万円超 330 万円以下	10 ％			25 ％
330 万円超 695 万円以下	20 ％			35 ％
695 万円超 900 万円以下	23 ％	10 ％	5 ％	38 ％
900 万円超 1,800 万円以下	33 ％			48 ％
1,800 万円超 4,000 万円以下	40 ％			55 ％
4,000 万円超	45 ％			60 ％

（※）　令和 19 年まで復興特別所得税が所得税額の 2.1 ％課されます。

【法人税等の概算税率（中小法人　標準税率適用）】

課税所得	法人税	地方法人税	法人住民税（標準税率）	法人事業税（軽減税率）	特別法人事業税	実効税率
年400万円以下	15％	法人税×10.3％	法人税×7％	3.5％	事業税×37％	約21.36％
年400万円超年800万円以下				5.3％		約23.17％
年800万円超	23.2％			7.0％		約33.58％

（2）所得の分散効果・将来の相続財産の抑制効果

　法人化により、不動産から得られる所得の帰属がオーナー個人から法人へ移ることになり、オーナー個人に集中していた所得を法人へ分散し、オーナーグループ全体の税負担を減少させることができます。さらに家族を法人の役員に就任させ、役員報酬・退職金等を支給することにより、さらなる所得分散が図れることになります。オーナー社長の相続発生までに時間があるようであれば、対策の効果は大きくなります。

　また、この所得の分散効果は、オーナー個人に貯まっていく財産の増加を抑制することにもなりますので、将来の相続財産の増加を抑えることにも繋がります。家族に給与を出す場合には、将来の相続税の納税資金準備にも繋がります。

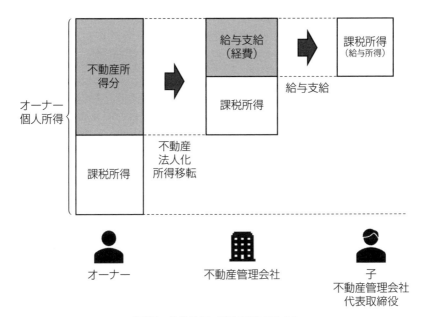

【所得の分散効果・財産累積の防止】

(3) 給与所得・退職所得のメリットの享受

　不動産管理会社から役員報酬・退職金を受け取る個人は給与所得・退職所得としての取扱いとなります。給与所得の計算においては、給与所得控除のメリットを受けられ、退職所得の計算においては、分離課税・退職所得控除・2分の1課税と税制上のメリットを強く享受することができます。

　ただし、上記 **(2)** においても同様ですが、給与を受ける家族が一般事業会社等に勤務しているケースでは、2か所給与となってしまいます。このような場合問題となるのが、勤務先の兼業禁止規定に抵触してしまい、その親族を不動産管理会社に入れることができず、役員構成やスキーム自体を見直さなければならないという場合です。そのような事態にならないよう、事前に確認しておく必要があります。

【給与所得控除額　令和2年分以降】

給与等の収入金額		給与所得控除額
162万5,000円以下		55万円
162万5,000円超	180万円以下	収入金額×40％－10万円
180万円超	360万円以下	収入金額×30％＋8万円
360万円超	660万円以下	収入金額20％＋44万円
660万円超	850万円以下	収入金額×10％＋110万円
850万円超		195万円（上限）

【退職所得の金額】

（収入金額（源泉徴収される前の金額）－退職所得控除額(※)）×1/2＝退職所得の金額

（※）　退職所得控除額

勤続年数 （＝A）	退職所得控除額
20年以下	40万円×A （80万円に満たない場合には、80万円）
20年超	800万円＋70万円×（A－20年）

（※）　特定役員に該当する場合

　特定役員退職手当等（役員等勤続年数が5年以下である人が支払を受ける退職手当等のうち、その役員等勤続年数に対応する退職手当等として支払を受けるもの）については、退職金の額から退職所得控除額を差し引いた額が退職所得の金額になります（上記計算式の2分の1計算の適用はありません）。

（4）その他のメリット

① 遺産分割対策

　承継する財産が不動産から株式に代わることになり、不動産を現物で承継する場合に比べて遺産分割対策は行いやすくなります。不動産管理会社の株式の議決権の問題が出てくることにはなりますが、種類株式の仕組み等（第5章 **6**）を活用し柔軟な設定も可能となります。

　また、個人オーナーが所有する不動産を不動産管理会社へ売却する場合には、個人オーナーに譲渡対価が入ってくることになりますが、この対価を株式を承継する相続人以外の相続人へ渡すことで財産の配分調整を行うことも可能です。

② 不動産の共有状態の回避

　不動産を安易に共有の状態にしての承継は避けたいところですが、特に対策をせずに相続が発生してしまったような場合、相続人間で、不動産について共有とする分割協議を行うケースも多いと思われます。民事信託の仕組みを使う等の方法により解決を目指すこともできますが、不動産を法人化している状態であれば、不動産の共有の問題を基本的には回避できることになります。

③ 認知症対策

　不動産が個人所有の場合、所有者に認知症の発症があれば、不動産の管理・運用・処分について大きく制約が行われることになります。民事信託の仕組みを使い、受託者に所有権を移し、管理・運用・処分を委ねる対策法もありますが、法人化してしまうことで、不動産の個人所有ならではの問題を解決することも可能です。

④ 子供が代表取締役の肩書を得られる

　当然のことではありますが、法人化し、子供がその法人の代表取締役に就任する

場合、代表取締役社長の肩書を得られることになります。オーナーや子供の置かれている状況にもよりますが、子供が職に困っているような場合、この部分を重要視する場合もあるので押さえておきたいところです。

⑤ 法人向けのタックスプランニング商品

　法人向けのタックスプランニング商品としては、航空機リースを代表とする匿名組合出資や損金性の高い保険契約等、いろいろなものが紹介されています。どれも税制改正や商品の特性上の一定のリスクがありますが、事業上の目的とタックスプランニングの観点から広く活用がされています。

　また、国が運営する中小基盤整備機構が運営する、「経営セーフティ共済（倒産防止共済）」は、制度の安心感・手軽さや税制上のメリットから、従来から多く利用されています。

経営セーフティ共済（中小企業倒産防止共済制度）について

　経営セーフティ共済（中小企業倒産防止共済制度）は、取引先事業者が倒産した際に、中小企業が連鎖倒産や経営難に陥ることを防ぐための制度です。

　無担保・無保証人で掛金の最高 10 倍（上限 8,000 万円）まで借入れができ、その掛金について毎月 20 万円（年間 240 万円）を全額損金算入又は必要経費に算入でき、40 か月以上納めると掛金の全額が戻るため、税務メリットも非常に高い制度といえます（掛金は掛金総額が 800 万円に達するまで積み立てることができます）。

　個人事業の場合は事業所得についてのみ必要経費算入が可能であり、不動産所得については必要経費算入ができないため注意が必要です。

　解約はいつでも可能であり、解約の手続きをすることで、掛金の納付月数と掛金総額に応じた解約手当金を受け取れます。ただし、納付月数が 12 か月未満の場合、解約手当金は受け取れず、また、納付月数が 40 か月未満の場合は、受け取れる金額が掛金総額を下回りますので注意が必要です。

　解約手当金は税法上、法人の場合は益金の額、個人の場合は事業所得の収入金額となります。

〈加入資格〉

　下記の表の業種ごとに、「資本金の額又は出資の総額」、「常時使用する従業員数」のいずれかの要件に該当する会社又は個人事業者が対象となります。

業種	資本金の額又は出資の総額	常時使用する従業員数
製造業、建設業、運輸業その他の業種	3億円以下	300人以下
卸売業	1億円以下	100人以下
サービス業	5,000万円以下	100人以下
小売業	5,000万円以下	50人以下
ゴム製品製造業（自動車又は航空機用タイヤ及びチューブ製造業ならびに工業用ベルト製造業を除く）	3億円以下	900人以下
ソフトウェア業又は情報処理サービス業	3億円以下	300人以下
旅館業	5,000万円以下	200人以下

〈申告書への明細書の添付〉

・法人の場合

　法人が掛金を損金に算入する場合は、「特定の基金に対する負担金等の損金算入に関する明細書」と、「適用額明細書」に必要事項を記入し、確定申告書に添付することになっています。

・個人事業主の場合

　個人事業主が掛金を必要経費に算入する場合は、「特定の基金に対する負担金等の必要経費算入に関する明細書」に必要事項を記入し、確定申告書に添付することになります。

2 不動産ではなく株式として承継する メリット・デメリット

Q （オーナー社長からの相談）

個人が所有する収益不動産を法人へ移転して、法人化を行いました。私の子供への財産の承継は、今後は不動産ではなく、この法人の株式を承継していくことになります。株式を承継していく上での、注意点等ありましたら教えてください。

A

不動産管理会社による承継の場合、不動産自体の承継ではなく、不動産管理会社の株式の承継を行うことになりますので、取引相場のない株式の評価の仕組みを使い、株価のコントロールを行うことが可能となります。特定の評価会社への該当等、留意すべき事項は多くありますが、タイミングと対策次第では株価を大きく引き下げての承継が可能となり、個人所有の不動産を承継する場合に比べ承継に伴う税負担を大きく下げることも可能となります。

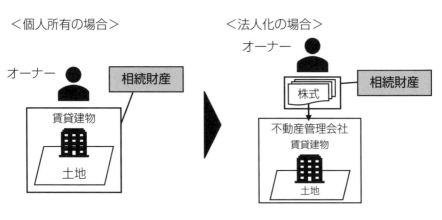

（1）類似業種比準価額の併用による株価引下げ効果

　株価算定に当たっては、不動産管理会社は特定の評価会社に該当する可能性がありますが、該当しなければ、原則評価の適用となります。類似業種比準価額と純資産価額のウェイトは会社規模区分により決まることになり、小会社に該当する場合でも類似業種比準価額のウエイトは50％となります。また、会社規模を上げることで類似業種比準価額のウェイトを増やすことができます。

　類似業種比準価額は上場企業の株価をベースに国税庁より公表される「類似業種の株価」を基に、配当・利益・簿価純資産価額の3つの要素を基礎に算定されます。類似業種の株価は上場株価に影響されることになり、タイミングによってはかなり低い値になることが想定されます。令和2年のコロナ禍のスタート時などは、上場株価の大幅下落に伴い、この類似業種の株価も様々な業種で大幅に下落しています。また、利益の値も対策が行いやすい項目であり、大規模な修繕や役員退職金の支給時には利益要素が大幅に低くなることになり、このタイミングでの承継が実現できれば低い株価での承継が可能となります。

【会社規模と評価方法】

会社規模		評価方法		
大会社		類似業種比準価額	又は	純資産価額
中会社	大	類似業種比準価額×0.9＋純資産価額×0.1	又は	純資産価額
	中	類似業種比準価額×0.75＋純資産価額×0.25	又は	純資産価額
	小	類似業種比準価額×0.6＋純資産価額×0.4	又は	純資産価額
小会社		類似業種比準価額×0.5＋純資産価額×0.5	又は	純資産価額

【会社規模区分の判定　〈卸売業・小売・サービス業以外〉】

総資産	従業員	取引金額				
		8千万円未満	8千万円以上2億円未満	2億円以上4億円未満	4億円以上15億円未満	15億円以上
5千万円未満	5人以下	小	中(L=0.6)	中(L=0.75)	中(L=0.90)	大
	5人超20人以下	小	中(L=0.6)	中(L=0.75)	中(L=0.90)	大
	20人超35人以下	小	中(L=0.6)	中(L=0.75)	中(L=0.90)	大
	35人超70人未満	小	中(L=0.6)	中(L=0.75)	中(L=0.90)	大
	70人以上	大	大	大	大	大
5千万円以上2.5億円未満	5人以下	小	中(L=0.6)	中(L=0.75)	中(L=0.90)	大
	5人超20人以下	中(L=0.6)	中(L=0.6)	中(L=0.75)	中(L=0.90)	大
	20人超35人以下	中(L=0.6)	中(L=0.6)	中(L=0.75)	中(L=0.90)	大
	35人超70人未満	中(L=0.6)	中(L=0.6)	中(L=0.75)	中(L=0.90)	大
	70人以上	大	大	大	大	大
2.5億円以上5億円未満	5人以下	小	中(L=0.6)	中(L=0.75)	中(L=0.90)	大
	5人超20人以下	中(L=0.6)	中(L=0.6)	中(L=0.75)	中(L=0.90)	大
	20人超35人以下	中(L=0.75)	中(L=0.75)	中(L=0.75)	中(L=0.90)	大
	35人超70人未満	中(L=0.75)	中(L=0.75)	中(L=0.75)	中(L=0.90)	大
	70人以上	大	大	大	大	大
5億円以上15億円未満	5人以下	小	中(L=0.6)	中(L=0.75)	中(L=0.90)	大
	5人超20人以下	中(L=0.6)	中(L=0.6)	中(L=0.75)	中(L=0.90)	大
	20人超35人以下	中(L=0.75)	中(L=0.75)	中(L=0.75)	中(L=0.90)	大
	35人超70人未満	中(L=0.9)	中(L=0.9)	中(L=0.9)	中(L=0.90)	大
	70人以上	大	大	大	大	大
15億円以上	5人以下	小	中(L=0.6)	中(L=0.75)	中(L=0.90)	大
	5人超20人以下	中(L=0.6)	中(L=0.6)	中(L=0.75)	中(L=0.90)	大
	20人超35人以下	中(L=0.75)	中(L=0.75)	中(L=0.75)	中(L=0.90)	大
	35人超70人未満	大	大	大	大	大
	70人以上	大	大	大	大	大

（2）評価差額に対する法人税等相当額の控除

　一般に「37％控除」といわれている項目になりますが、純資産価額の評価を行う場合、相続税評価額が帳簿価額よりも高く評価差額が生じている場合には、その評価差額に対する法人税等相当額の控除が可能であり、評価差額に対して37％の控除を行うことができます。

（3）留意点①（取得後3年以内不動産は時価評価）

　詳細は「第5章 **2**」にて解説していますが、評価会社の純資産価額を算定する場合、その資産の中に、課税時期前3年以内に取得又は新築した土地等又は建物等があるときは「通常の取引価額」に相当する金額によって評価することになります。個人所有時は相続税評価額であったが、法人へ移した場合には、法人側では取得後3年以内は通常の取引価額での評価となるため、移転後3年間は評価額上昇となる可能性があります。移転後3年以内に相続等が想定されるケースでは十分に留意する必要があります。

（4）留意点②（開業後3年未満の会社）

　課税時期において、開業後3年未満の会社の株式については、会社規模にかかわらず、純資産価額100％評価となり、類似業種比準価額が使えません。新設会社を使って不動産管理会社を作る場合には十分留意する必要があります。

（5）留意点③（土地保有特定会社）

　詳細は「第5章 **1**」において解説していますが、土地保有特定会社とは、評価会

社の相続税評価による総資産の価額のうちに相続税評価による土地等の価額の占める割合が、会社規模ごとに下記表の割合に該当する会社をいいます。土地保有特定会社に該当すると100％純資産価額評価となるため、類似業種比準価額は使えないことになります。純資産価額が高い会社は、株価が高騰する可能性が高くなります。

【会社規模ごとの土地保有特定会社の要件】

会社規模	土地等の保有割合		
大会社	70％以上		
中会社	90％以上		
小会社	大会社の総資産基準に該当するもの	卸売業：20億円以上 卸売業以外：15億以上	70％以上
	中会社の総資産基準に該当するもの	卸売業：7,000万円以上20億円未満 小売・サービス業：4,000万円以上15億円未満 上記以外：5,000万円以上15億円未満	90％以上

(6) 留意点④（事業承継税制の適用）

　詳細は「第5章 **5**」において解説していますが、資産保有型・運用型会社の形式要件にほぼ間違いなく該当すると思われます。事業実態要件を満たせば適用が可能となりますが、常時使用する従業員数5人以上（後継者と生計一親族を除く）の要件を満たすことは非常に高いハードルとなるものと考えられます。

3　法人化に伴う税負担・各種コスト

Q　（オーナー社長からの相談）

　個人所有の不動産の法人化についてメリットがあることは分かりました。しかし、法人化に伴い、不動産の移動に伴う税金等各種コストもかかってくると思うのですが、具体的にはどのようなものがあるのでしょうか。

A

　状況により様々ケースが想定されますが、不動産を法人化する場合には、主に以下の項目の負担が生じます。

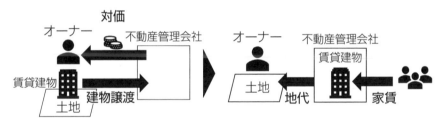

【個人所有不動産の法人への譲渡による法人化イメージ】

（1）法人化移転時のコスト

　不動産の法人化における移転時のコストとしては、主に下記のようなものが挙げられます。

①　譲渡所得税

　個人から法人へ不動産を移転する場合、譲渡した個人側で譲渡所得税（所得税

15.315 %、住民税 5 %）の課税関係が発生します。

　この場合、譲渡する価額には注意が必要であり、法人への譲渡の場合、時価譲渡が基本となります。時価未満の譲渡であれば、譲り受けた法人側で受贈益が生じ、時価の 2 分の 1 未満の譲渡であれば譲渡した個人においてみなし譲渡課税の適用となり、時価で譲渡したものとみなして譲渡所得税が課税されることになります。

　また、無償又は時価より著しく低い価額の対価で法人に譲渡した場合、譲渡者から法人の残存株主へ価値移転が行われたものとして、みなし贈与課税の適用可能性があります。

　個人所有の不動産の法人化の場合は、土地部分の譲渡については高額となりやすく、買取り資金や譲渡税負担が大きくなること、土地の移転による所得分散効果が少なく、将来の相続時の小規模宅地等の特例があること等を考慮して、建物部分のみを法人化するケースが一般的に多いと思われます。この場合において、「建物の未償却簿価＝時価」として譲渡を行う場合には譲渡税負担は生じないことになります。ただし、物件の収益性等に比べ簿価が極端に低い場合には、未償却簿価＝時価の判断が合理的でないと判断される可能性もありますので、鑑定評価を依頼する等、他の合理的な算定方法を検討する場合があります。

②　消費税

　賃貸不動産を法人へ譲渡する者が消費税の納税義務者であれば、建物の譲渡については課税売上に該当することになり消費税の納税が発生します。土地の譲渡については非課税売上に該当しますが、課税売上割合が低くなり、仕入税額控除へ影響する可能性があるため、課税売上割合に準ずる割合の適用等、十分検討する必要があります。

　賃貸不動産を法人へ譲渡する者が消費税の納税義務者でない場合であっても、その賃貸用の建物の譲渡価額が 1,000 万円超となる場合には、翌々年に消費税の納税義務者となるため、この部分の検討漏れには注意が必要です。

　購入する法人側においては、建物部分の購入は仕入税額控除の検討が必要になります。税制改正が多い部分であり検討すべき項目は多くあります。さらに、2 年後

のインボイス制度の導入により、売り手側が適格請求書発行事業者でない場合は、買い手側で仕入税額控除ができなくなる（一定期間の段階的な経過措置有り）ため、今後の検討の判断にはさらに注意が必要となります。

③　不動産取得税・登録免許税

不動産譲渡に伴う不動産取得税・登録免許税の税率は下記の表のとおりとなります（「第3章 **11**」も参照）。

税負担は思いのほか大きいものであり、実務上もここの説明が疎かとなりトラブルとなるケースもありますので、しっかり事前に検討を行う必要があります。

【不動産取得税・登録免許税（売買）】

税目	対象資産	売買
不動産取得税	建物 （非住宅）	4％
	建物 （住宅）	3％（※1）
	土地	3％（※1）
登録免許税	建物	2％
	土地	1.5％（※2） （2％）

【不動産取得税・登録免許税の計算】

課税標準額（固定資産税評価額）（※3）**×税率**

（※1）　令和6年3月31日までの軽減税率

（※2）　令和5年3月31日までの軽減税率

（※3）　不動産取得税（土地）の課税標準⇒令和6年3月31日までに宅地等（宅地及び宅地評価された土地）を取得した場合、当該土地の課税標準額は価格の

④　法人設立費用

主に下記の法定費用と定款の謄本代（2,000円ほど）・司法書士への報酬・会社実印作成費用等がかかることになります。下記のとおり、合同会社の場合、株式会社に比べ設立費用を抑えることができ、合同会社による不動産管理会社を設立するケースも増えてきています。

【法人設立費用】

項目	株式会社	合同会社
定款認証手数料	50,000円	0円
収入印紙 （※）　電子定款の場合不要	40,000円	40,000円
登録免許税	資本金×0.7％ 最低150,000円	資本金×0.7％ 最低60,000円

（2）法人化ランニングコスト

①　法人住民税均等割

法人の場合、課税所得がない場合でも、法人住民税均等割（最低約70,000円）がかかることになります。

【法人住民税均等割】

資本金等の額	都道府県民税均等割	市町村民税均等割	
		従業者数50人超	従業者数50人以下
1千万円以下	2万円	12万円	5万円
1千万円超1億円以下	5万円	15万円	13万円
1億円超10億円以下	13万円	40万円	16万円
10億円超50億円以下	54万円	175万円	41万円
50億円超	80万円	300万円	41万円

② 社会保険料

　個人事業の場合、社会保険加入について従業員数5人未満の場合には任意となりますが、法人の場合は従業員数にかかわらず強制加入となります。近年、法人への加入漏れに対する、行政側の確認調査が増えてきています。

③ 税理士報酬等

　契約にもよりますが、一般的に個人事業者の確定申告報酬に比べ、法人の場合の決算申告報酬は高額になります。毎月の顧問契約を結ぶ場合等にはさらに報酬がかかるケースが一般的です。

(3) 不動産購入資金の調達

　個人所有不動産を法人へ譲渡する場合には、購入する法人側で不動産購入資金の調達を行う必要があります。基本は金融機関からの借入金を検討することになりますが、当然に利息の支払が生じることになります。

　金融機関から十分な融資が受けられない場合は、オーナー経営者からの借入金により購入することが検討されます。その場合、オーナー経営者側に会社に対する貸付金債権が生じることになりますので、将来の相続財産を構成することになり、この貸付金債権の対応を別途検討する必要が出てきます。

「地主：個人」・「借地人：法人」の場合の課税関係

Q （オーナー社長からの相談）

私が個人で保有している賃貸用不動産を、私が100％出資する同族法人に移動することにより、不動産の法人化を検討しています。建物部分のみを法人へ移動することを予定していますが、このような場合、土地については私と会社の間で借地権等の権利関係が生じてくると思います。課税関係について教えてください。

A

権利金の収受がない場合には、法人側で借地権の認定課税が発生することになりますが、「相当の地代の授受」若しくは「土地の無償返還に関する届出書」の提出により、借地権の認定課税を回避することができます。同族関係者間ですので、高額となる相当の地代の授受ではなく、土地の無償返還に関する届出書の提出により対応するケースが多いと思われます。

地代の認定課税についても、貸主が個人の場合には、実際に収受した地代が収入金額（所法36①）とされますので、地代の設定がいくらであっても特段の課税関係は生じないことになります。借りている法人側では支払うべき地代の額と地代の免除益の額が同時相殺されたと考えるため、法人側でも課税関係は生じません。

ただし、この地代をゼロ（固定資産相当額以下の金額）にしてしまうと使用貸借となり、地主個人の底地の相続評価において、貸家の評価減や小規模宅地等の特例の適用ができなくなります。これに対応するために、通常の地代（固定資産税の3倍程度）の地代の収受を行うことで賃貸借契約とし、貸家の評価減や小規模宅地等の特例の適用ができる状態にしておく必要があります。

また、この土地の地主であるオーナーの相続の際や当該同族法人株式の贈与時に
おいては、当該同族法人の株価算定においては、純資産価額に借地権として自用地
評価額の 20 ％相当額の計上が必要となりますので留意すべきです。

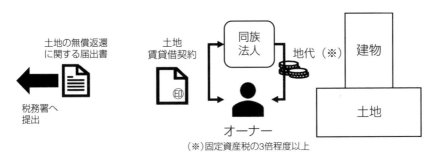

（1）土地の無償返還に関する届出書

　個人・法人が借地権の設定等により他人に土地を使用させた場合で、その借地権
の設定等に係る契約書において、将来借地人等が立退料等の支払をせずにその土地
を無償で返還することが定められている場合に、これを届け出る手続きです。

　この届出を行っている場合には、権利金の認定課税は行われないこととなります
（個人間の土地の貸借については届け出ることはできません）。

　届出は地主と借地人の連名により行い、土地を無償で返還することが定められた
後、遅滞なく土地所有者の納税地の所轄税務署長に提出します。

> **法人税基本通達 13-1-7（権利金の認定見合せ）**
> 　法人が借地権の設定等により他人に土地を使用させた場合（権利金を収受した場
> 合又は特別の経済的な利益を受けた場合を除く。）において、これにより収受する
> 地代の額が 13-1-2 に定める相当の地代の額に満たないとき（13-1-5 の取扱いの適
> 用があるときを除く。）であっても、その借地権の設定等に係る契約書において将
> 来借地人等がその土地を無償で返還することが定められており、かつ、その旨を借

地人等との連名の書面により遅滞なく当該法人の納税地の所轄税務署長（国税局の調査課所管法人にあっては、所轄国税局長。以下 13-1-14 までにおいて同じ。）に届け出たときは、13-1-3 にかかわらず、当該借地権の設定等をした日の属する事業年度以後の各事業年度において、13-1-2 に準じて計算した相当の地代の額から実際に収受している地代の額を控除した金額に相当する金額を借地人等に対して贈与したものとして取り扱うものとする。

　使用貸借契約により他人に土地を使用させた場合（13-1-5 の取扱いの適用がある場合を除く。）についても、同様とする。

（注）

1　本文の取扱いを適用する場合における相当の地代の額は、おおむね 3 年以下の期間ごとにその見直しを行うものとする。この場合において、13-1-2 の（注）1 中「借地権の設定等の時」とあるのは「当該事業年度（その事業年度が連結事業年度に該当する場合には、当該連結事業年度）開始の時」と読み替えるものとする。

2　当該法人が連結納税基本通達 16-1-7《権利金の認定見合せ》の取扱いによる届出を行っていた場合についても、本通達の適用がある。

（2）地代の認定課税

　貸主が個人の場合には、実際に収受した地代が収入金額（所法 36 ①）とされますので、地代の設定がいくらであっても特段の課税関係は生じないことになります。借りている法人側では支払うべき地代の額と地代の免除益の額が同時相殺されたと考えるため、法人側でも課税関係は生じません。

①　個人側（賃貸人）の処理

　所得税法 36 条 1 項により、実際の収入金額が不動産所得の収入金額となります。

② **法人側（借地人）の処理**

（支払地代）○○円 ／ （地代の免除益）○○円

(3) 賃貸借と使用貸借

(2) のとおり、個人が地主の場合、地代の収受の有無で地代の認定課税に影響はありませんが、地代が固定資産税相当額以下の場合は、使用貸借となるため、相続評価における貸宅地の評価減（自用地評価額の80％評価）や相続時には小規模宅地等の特例の適用ができないこととなります。固定資産税の3倍程度の地代を収受することで「賃貸借」とすることができ、貸宅地の評価減や小規模宅地等の特例の適用が可能となります。

(4) 地主個人の底地の相続税評価額

相当の地代を収受している場合又は土地の賃貸借契約が締結され「土地の無償返還に関する届出書」が提出されている場合の貸宅地の価額は、自用地としての価額から、その価額の20％に相当する金額（民法上の借地権が存在することにより、土地の自由な使用収益が制約されることに対する評価上の斟酌としての一種の評価減としての価額）を控除した金額により評価します。

(5) 法人側の株価算定における純資産価額の計算

本相談で、地主であるオーナー個人の相続発生時に、借地人である当該同族法人の取引相場のない株式の評価の計算における純資産価額の計算については、借地権の計上漏れに注意が必要です。

具体的には、被相続人が同族関係者となっている同族会社にその土地を貸し付けて、相当の地代を収受している場合又は賃貸借契約で「土地の無償返還に関する届

出書」を提出している場合には、その同族会社の株式の評価上、その土地の自用地としての価額の20％に相当する金額を借地権の価額として純資産価額に計上することとしています（相続税評価額の欄のみ記載し、帳簿価額の欄はゼロとなります）。

このような取扱いをするのは、被相続人の所有する貸宅地の評価において、**(3)**にて説明したとおり20％の評価減を認めていますので、借地人が被相続人の同族会社である場合においては、その被相続人である個人と同族会社である法人を通じて土地の評価額が100％となるようバランスがとられているためです。

なお、この場合において、同族会社が被相続人から借り受けている土地上の建物を貸家の用に供している場合には、当該会社の株式の評価上、純資産価額に計上する借地権の価額は、「貸家建付借地権の価額（20％×（1－0.3）＝14％）」によって評価します。

上記の計算は、地主であるオーナー個人の相続発生時に限定された話ですが、オーナー個人が当該同族法人の株式を贈与する場合の同族株式の評価においても同様の処理をするものと考えられています。

【著 者 略 歴】

谷中　淳（ヤナカ　アツシ）

税理士
学習院大学経済学部卒業、一般企業、都内税理士事務所勤務を経て、税理士法人おおたかに入社。中小法人～大法人までの法人顧問業務のほか、相続対策・相続税申告等の個人資産税業務、株価算定・事業承継・組織再編等の法人資産税業務に従事している。また、同分野におけるセミナー講師等も数多く行っている。

【主な著書】

「事業承継を成功させる自社株承継の実務　第 2 版」（税務経理協会・共著）
「令和 4 年度 よくわかる税制改正と実務の徹底対策」（日本法令・共著）

税理士法人　おおたか

【従事者数】22 名（税理士 9 名、行政書士 2 名他）
【所在地】
〒 103-0002　東京都中央区日本橋馬喰町 1-1-2　ゼニットビル 6F

【会社概要】

　月次監査、決算、税務申告等といった通常の税務会計業務のほか資産税も得意としており、事業承継計画の策定や自社株対策、オーナー様等の相続対策などを数多く行っている。同業者や金融機関から質問や相談を受けることも多く、組織再編など複雑な資産税案件に関しても多くの実績がある。

　最新の税務情報の収集に力を入れており、種類株の導入や公益法人の設立、信託の活用などといった新しい手法のご提案も積極的に行っている。

　お客様の税務コンシェルジュとして、お客様の「期待・疑問・不安」に答え、お客様とともに発展していく！これこそが私どもの使命と考えている。

【業務内容】

□相続対策・事業承継
　・相続税申告
　・相続対策
　・事業承継計画の作成
　・自社株対策
　・非上場株式等の納税猶予制度サポート
　・遺留分に関する民法の特例サポート
□遺産整理
　・財産目録作成
　・名義書換手続サポート

□税務顧問
・税務申告書作成・税務関連届出代行
・月次・年次決算サポート
・税務相談、税務調査対応
・給与計算・源泉徴収
・グループ法人税制
□事業再編
・合併、株式分割、株式交換・移転、
事業譲渡、現物分配
・増資・減資
・清算（整理・解散）
・自己株式取得　　　　　　など

著者との契約により検印省略

令和4年9月15日　初版発行

本業から不動産賃貸業への転換の税務
スムーズな整理／縮小／資産承継のために

著　者　谷　中　　　　淳
発行者　大　坪　克　行
印刷所　美研プリンティング株式会社
製本所　牧製本印刷株式会社

発　行　所　〒161-0033　東京都新宿区　　　　株式　税 務 経 理 協 会
　　　　　　下落合2丁目5番13号　　　　　　会社
　　　　　　振替　00190-2-187408　　　　　電話　(03) 3953-3301 (編集部)
　　　　　　FAX (03) 3565-3391　　　　　　　　　(03) 3953-3325 (営業部)
　　　　　　URL　http://www.zeikei.co.jp/
　　　　　　乱丁・落丁の場合は，お取替えいたします。

ISBN978-4-419-06877-6　C3034